LES CLASSIQUES
DE L'HISTOIRE AU MOYEN ÂGE

continuation
des Classiques
de l'Histoire de France au Moyen Âge

FONDÉS PAR LOUIS HALPHEN
PUBLIÉS SOUS LA DIRECTION DE PHILIPPE DEPREUX
SOUS LE PATRONAGE DE L'ASSOCIATION GUILLAUME BUDÉ

56e volume

LES CLASSIQUES DE L'HISTOIRE AU MOYEN ÂGE
fondés par Louis Halphen
publiés sous la direction de Philippe Depreux
sous le patronage de l'association Guillaume Budé

FOULQUES DE CAMBRAI

LA FONDATION DE L'ABBAYE DE VAUCELLES

(*Fundatio abbatiae de Valcellis*)

TEXTE LATIN ÉDITÉ, TRADUIT ET COMMENTÉ
PAR
Benoît-Michel Tock

PARIS
LES BELLES LETTRES
2016

Conformément aux statuts de l'Association Guillaume Budé, ce volume a été soumis à l'approbation de la commission technique, qui a chargé MM. Ghislain Baury et Jean-Yves Tilliette d'en faire la révision et d'en surveiller la correction en collaboration avec M. Benoît-Michel Tock.

95, bd Raspail, 75006 Paris
www.lesbelleslettres.com

ISBN : 978-2-251-34307-5

INTRODUCTION

L'abbaye de Vaucelles au XIIe siècle

L'abbaye de Vaucelles[1] fut fondée en 1132 : c'est le 26 juillet de cette année que le *conventus* fut constitué à Clairvaux et que fut élu, ou désigné, le premier abbé, Raoul de Marston. Le petit groupe se mit aussitôt en route et atteignit le site choisi, dans la vallée de l'Escaut, à une quinzaine de kilomètres au sud de Cambrai, le 1er août[2]. Le fondateur laïc de l'abbaye était Hugues, seigneur d'Oisy, châtelain de Cambrai : c'est le titre que lui donne une charte donnée en 1133 par l'évêque de Cambrai Liétard[3].

L'abbaye de Vaucelles peut donner l'impression d'avoir mené, au cours du XIIe siècle, une vie très calme : après tout, elle est rarement citée dans les textes contemporains, l'abbé lui-même n'est pas très souvent repris dans des listes de témoins, elle n'est pas connue pour avoir fondé d'abbaye-fille, elle n'a pas abrité de grand savant comme Guerric d'Igny, Guillaume de Saint-Thierry ou Hélinand de Froidmont, on ne lui connaît pas d'importante biblio-

1. Il n'existe pas d'histoire valable de l'abbaye. On se reportera à A. BRUYELLE, « Notice sur l'ancienne ville de Crèvecoeur » et BULTEAU, « Étude historique et archéologique ».

2. Éléments fournis par la *Fundatio abbatiae de* Valcellis, éditée ci-dessous, § 1, p. 2-4.

3. B.-M. TOCK, *Les chartes de Vaucelles*, n° 2, p. 58-60 ; sur cette charte, voir aussi St. LEBECQ, « Autour de la fondation ». Le terme de *fundator* est également utilisé par la *Fundatio*, § 2, p. 4.

thèque, elle ne possède au XIIe siècle que deux ou trois granges.

Mais ces impressions sont trompeuses. Vaucelles avait un très riche fonds d'archives : 176 actes pour le XIIe siècle, ce qui est tout à fait considérable. Ce fonds d'archives est gage de la richesse de son patrimoine foncier : celui-ci a permis de nourrir 58 moines en 1151[4], 111 en 1235[5], sans compter les convers, et de commencer à la fin du siècle la construction d'une église qui a été jugé bien trop grande par le chapitre général de 1192[6]. Dotée d'une très riche bibliothèque[7], l'abbaye écrivit une continuation à la chronique de Sigebert de Gembloux[8]. Sa politique d'expansion et de fondation fut cependant contrariée par un échec en Angleterre, et au pays de Galles par le fait que Clairvaux s'est finalement attribué tout le mérite d'une fondation[9].

Vaucelles pouvait compter sur l'appui des papes (10 actes pontificaux connus pour le XIIe siècle) et des évêques de Cambrai (33 actes). Mais ce sont surtout d'autres églises des environs, et bien sûr de petits seigneurs laïcs, qui ont permis à l'abbaye de prospérer, notamment par l'obtention de plusieurs dizaines de chartes d'exemption de péages. Nous sommes cependant peu renseignés sur la vie de l'abbaye au cours de la seconde moitié du XIIe siècle. Tout juste

4. *Fundatio*, § 18, p. 40.

5. GASPARD DE SOIF, *Compendium super abbatum Valcellensium gestis*, ms. Cambrai, B. M., 295, fol. 292v.

6. Chr. WADDELL, *Twelfth-Century Statutes*, p. 647 (statut 1192/29) : *aedificium ecclesiae quod sumptuosum nimis et superfluum est, ex qua occasione multi scandalizantur*. Sur l'église de Vaucelles, voir D. HANQUIEZ, « Vaucelles, ancienne abbaye » ; N. HISCOCK, « The two Cistercian Plans » ; P. KURMANN, « Die Zisterziensier und die Kathedrale » ; A. DIMIER, « La rénovation de l'abbaye de Vaucelles » ; Fr. BARON, « Les églises de Vaucelles » ; EAD., « Histoire architecturale ».

7. B.-M. Tock, « Le *scriptorium* et la bibliothèque », à partir surtout de ce que dit la *Fundatio*.

8. C. CALLEWAERT, « La *Continuatio Valcellensis* ».

9. B.-M. TOCK, « Les fondations anglaise et galloise ».

sait-on qu'en 1166 la grêle causa de nombreux dommages à l'abbaye[10] ; que dans les années suivantes l'abbé Aleaume entama la construction du dortoir, du chauffoir et du réfectoire[11] ; qu'en 1177 l'évêque de Cambrai Alard choisit d'être enterré à Vaucelles[12]. Et qu'en 1179 les ossements des trois premiers abbés, Raoul, Richard et Nicolas, furent transférés de la salle capitulaire dans le nouveau cloître[13]. C'est surtout au XIIIe siècle que l'abbaye développa et structura un vaste domaine, diversifié, constitué de champs et de prés, mais aussi de vignes et de polders pour l'élevage de moutons[14].

[Re]découverte d'un texte inédit

Malgré l'abondance des sources relatives au monde monastique médiéval, les descriptions concrètes, quotidiennes, presque prises sur le vif, de la vie des moines sont relativement rares. De manière très étonnante, un document tout à fait passionnant, riche de très nombreuses informations sur un monastère cistercien, avait échappé jusqu'à présent, sinon à l'attention des historiens pré-révolutionnaires, du moins aux travaux du XIXe et du XXe siècle. Intitulé *Fundatio abbatiae de Valcellis*, il porte sur l'histoire de l'abbaye cistercienne de Vaucelles, près de Cambrai, sous son premier abbé (1132-1151) et livre de nombreux renseignements neufs sur l'histoire de cette abbaye, et plus largement sur la vie cistercienne dans les décennies 1130 et 1140.

10. LAMBERT DE WATTRELOS, *Annales Cameracenses*, p. 538.
11. B.M. Cambrai, ms. 975, fol. 292r°.
12. *Continuatio Aquicinctina*, p. 417.
13. *GC*, III, col. 176-177.
14. St. LEBECQ : « Les cisterciens de Vaucelles en Flandre », ; ID., « Vignes et vins de Vaucelles » ; ID., « Vaucelles et la terre ».

Contenu

Le titre de l'œuvre est en effet trompeur : le récit de la fondation est très succinct (§ 1-3). Cette *Fundatio* est surtout riche de très nombreux autres renseignements. À propos de l'abbaye de Vaucelles bien sûr, mais plus encore au sujet de son premier abbé, Raoul de Marston. L'auteur commence par décrire brièvement sa vie, sa conversion et son arrivée à Vaucelles (§ 4), puis insiste sur sa bonne réputation (§ 5), souligne les débuts de la construction de l'église (§ 6), précise que Raoul construisit deux granges et qu'il eut au total 107 moines profès sous ses ordres (§ 7). Il raconte ensuite assez longuement les deux fondations réalisées en Angleterre et au pays de Galles par Vaucelles (§ 8-12); ce sont là des informations assez importantes dans la mesure où l'une, qui avorta rapidement, n'était pas connue, tandis que l'autre n'était pas réputée avoir des liens avec l'abbaye cambrésienne[15].

L'auteur de la *Fundatio* poursuit avec un passage absolument exceptionnel : il donne, après quelques explications liminaires, la liste nominative des moines et des convers entrés à l'abbaye sous l'abbé Raoul, avec, de manière un peu aléatoire, des indications sur l'origine géographique, le grade ecclésiastique, les fonctions exercées, la date de la mort, les livres copiés (§ 13-21)[16]. Il termine cette partie par quelques réflexions sur l'importance, relative, du nombre des moines comme indicateur de la qualité d'un abbatiat.

Raoul exigeait de lui-même comme de ses moines un scrupuleux respect de la règle. Bien qu'abbé, il ne manquait aucun office, et ne tolérait pas que les responsables de l'abbaye se dispensent d'y venir (§ 22-25). Lorsqu'il devait s'absenter, il cherchait à rentrer le plus rapidement possible

15. B.-M. TOCK, « Les fondations anglaise et galloise ».

16. Sur les livres copiés voir B.-M. TOCK, « Le *scriptorium* et la bibliothèque ». Je prépare une étude de la communauté monastique de Vaucelles durant l'abbatiat de Raoul.

au monastère (§ 26). Toujours le premier aux offices, il attendait de ses moines beaucoup de ferveur (§ 27-28), un grand respect du silence (§ 29) et une assiduité à la messe (§ 30-31).

Il exigeait aussi des moines qu'ils prennent beaucoup de précautions pour manipuler l'eucharistie (§ 32-33), ce qui permet à l'auteur une longue digression sur les mesures à prendre pour éviter que le corps et le sang du Christ soient pollués ou égarés, ce qui entraînerait un sévère châtiment divin (§ 34-46)[17].

On revient ensuite à Raoul. S'il ne lésinait pas sur les prières en faveur des bienfaiteurs, il leur refusait pratiquement toute aide matérielle (§ 47-53). Il demandait que l'on prenne soin du matériel du monastère, ayant lui-même appris pendant son noviciat qu'une paire de bottes devait se garder pendant dix ans (§ 54). Économe en période d'abondance, il était très généreux lors des famines. Et lorsqu'on lui demandait s'il ne craignait pas que les céréales viennent à manquer, il répondait qu'au pire il donnerait de la viande à manger à ses moines, extrémité dont la providence divine l'a cependant toujours préservé (§ 55-56).

Il évitait autant que possible les contacts avec les laïcs, mais savait défendre en cas de besoin les biens du monastère (§ 57-59). Il était intraitable sur le respect de la règle, au point que l'évêque de Cambrai Nicolas disait le craindre davantage que l'empereur. Pour autant, il savait assouplir la règle quand les conditions météorologiques l'imposaient (§ 60-64). Ayant installé une horloge dans le cloître (§ 65), il exigeait des candidats à la vie monastique qu'ils sachent respecter cette dernière (*tenere conventum*) : nourriture et habit réguliers, veilles et travail manuel (§ 66). Il critiquait aussi l'ambition (§ 67-68). Il fut exposé au problème des vols de calices (§ 69-71). L'auteur revient ensuite sur le problème de la défense des biens du monastère (§ 72-74).

17. B.-M. Tock, « Des araignées et des mouches ».

Suit un long passage consacré au récit de la dédicace de l'église en 1149, avec notamment une liste des reliques insérées dans chacun des autels (§ 75-82). Cela conduit à une discussion sur la concurrence, en 1150, entre la fête de la dédicace et le lendemain de l'Ascension : quelle fête fallait-il célébrer (§ 83-85) ?

Le texte se termine par un portrait du successeur de Raoul, l'abbé Richard (§ 86), bizarrement placé avant le récit de la mort de Raoul (§ 87), et un commentaire final sur la manière dont celui-ci exerçait son abbatiat (§ 86-88).

Les manuscrits

L'œuvre complète n'est plus connue de nos jours que par un seul manuscrit : Cambrai, Médiathèque Municipale, ms. 975 (manuscrit *C*)[18]. C'est un manuscrit du XVIIIe siècle, très hétérogène, contenant de nombreuses pièces différentes, dont une seule nous intéresse : aux fol. 267r-295r se trouve un *Compendium super abbatum Valcellensium gestis*, qui est lui-même une œuvre assez hétérogène. Le manuscrit est daté de 1754[19].

Bien que copié au XVIIIe siècle, ce *Compendium* se présente comme l'œuvre d'un certain Gaspard de Soif, dont nous ne savons que ce qu'il veut bien dire de lui[20]. Il se dit bachelier formé, c'est-à-dire ayant achevé ses

18. A. MOLINIER, *Catalogue général des manuscrits... Cambrai*, p. 405-406.

19. Fol. 295r° : *Sequitur series abbatum Valcellensium ad nostra usque tempora, id est usque ad annum Christi 1754*.

20. L'essentiel se trouve dans le titre du *Compendium : Fratris Gaspardi de Soif, in sacris litteris baccalaurei formati, licet immeriti religiosi monasterii Beatae Mariae de Valcellis, novam compendii de abbatum Valcellensium gestis editionem praefatio*. Brève notice dans É. BROUETTE et al., *Dictionnaire des auteurs cisterciens*, t. 2, col. 662-663.

études[21]. Il est en tout cas moine à Vaucelles, et a dû écrire sa chronique sous l'abbatiat de Jean VIII d'Hays (1492-1498), le premier abbé qu'il ne mentionne pas[22]. Il est l'auteur d'une œuvre complexe, à l'intérieur de laquelle on peut distinguer les pièces suivantes :

1) fol. 267r°-v° : Prologue de Gaspard de Soif

2) fol. 268r°-291v° : *Fundatio abbatiae de Valcellis*

3) fol. 291v° : Continuation de la *Fundatio*. Ce texte de quelques dizaines de lignes, qui va de l'abbatiat d'Aleaume[23] à la consécration de l'église en 1235, est copié sans la moindre transition, de la même main que la *Fundatio*, alors qu'il ne peut avoir le même auteur puisque, on va le voir, l'auteur de la *Fundatio* est entré à Vaucelles en 1135 et peut difficilement écrire encore un siècle plus tard. Le copiste du XVIIIe siècle s'en est d'ailleurs rendu compte, et a ajouté en marge la mention *Explicit*.

4) fol. 291v°-295r : *Cronica abbatum de Valcellis* de Gaspard de Soif, qui va du premier abbé, Raoul, au 38e, Jean VII d'Espinoy (mort en 1492).

21. On ne sait où il a étudié. En tout cas pas à l'université de Louvain, où il ne figure pas dans la matricule : J. WILS, *Matricule de l'Université de Louvain ;* A. SCHILLINGS, *Matricule de l'Université de Louvain*, t. 2 ; ID., *Matricule de l'Université de Louvain*, t. 3. Aucune mention d'un Gaspard de Soif dans Ch. SAMARAN et É. VAN MOË, *Liber procuratorum nationis Alemanniae ;* ID., *Liber procuratorum nationis Picardiae ;* ID., *Liber procuratorum nationis Gallicanae ;* A. L. GABRIEL et G. C. BOYCE, *Liber receptorum nationis Alemanniae*.

22. Un autre exemplaire de la chronique de Gaspard de Soif (mais sans la *Fundatio*) se trouve à Bruxelles, Bibl. Royale, ms. 12274 (Il a été partiellement édité dans le *Recueil des Historiens des Gaules et de la France*, t. 13, p. 270, avec des notes complémentaires de Moreno).

23. Aleaume, cinquième abbé (1166-1180), curieusement désigné ici comme troisième abbé, ce qui, après Raoul (1132-1151) et Richard (1151-1160), oublie Nicolas (1160-1163) et David (1163-1166). On trouvera une liste des abbés de Vaucelles au XIIe siècle en annexe, p. 147-153.

Cette copie *C*, la seule copie exhaustive, semble-t-il, de la *Fundatio*, est cependant problématique, en ce sens qu'à de nombreux endroits le texte qu'elle donne n'est pas satisfaisant. Il s'agit cependant d'erreurs de copies, dues à une mauvaise lecture du manuscrit de base, comme la lecture *Frederico* pour Theoderico (§ 1), ou d'erreurs d'écriture comme *constito* au lieu de *constituto* (§ 4). Si ces erreurs sont relativement nombreuses, il ne faut pas oublier que, sans compter d'éventuels états intermédiaires que nous aurions perdus, nous avons affaire à une copie XVIIIe siècle d'une copie XVe siècle de la chronique originale du XIIe siècle.

Il existe un autre manuscrit (*B*)[24], mais il s'agit d'une copie très partielle, adressée en 1633 par Nicolas Daussy, prieur de Vaucelles, à un bollandiste non identifié, dans le cadre de la préparation du calendrier des saints en vue de la publication des *Acta Sanctorum* et enchassée dans une lettre du prieur au père jésuite. Daussy dit avoir travaillé d'après un très ancien manuscrit (*antiquissimo volumine manuscripto*) : on ne peut évidemment savoir s'il s'agit de l'autographe ou d'une copie. La copie est centrée sur la personnalité de l'abbé Raoul. Les passages repris par Daussy présentent de nombreuses divergences avec le texte du ms. *C :* la copie Daussy est donc non seulement très partielle, mais aussi infidèle, son auteur produisant en réalité un texte neuf, entre copie et réécriture.

Date de composition

La *Fundatio* n'est pas datée. Elle est postérieure à la mort, le 15 ou le 16 juillet 1158[25], de l'évêque de Thérouanne Milon Ier, qui est dit *reverendae memoriae* (§ 81).

24. Bruxelles, Bibliothèque Royale Albert Ier, ms. 8990-8991, fol. 2r°-4v°. J. VAN DEN GHEYN, *Catalogue des manuscrits*, t. 5, n° 3527, p. 635.

25. E. STRUBBE et L. VOET, *De chronologie*, p. 306.

Postérieure aussi à la mort de Conon, abbé de Whitand, en 1176[26].

Mais le principal critère chronologique que l'on peut utiliser est la mention, parmi les moines, d'un certain Simon, dont il est précisé qu'il mourut sous l'abbé Godescalc, c'est-à-dire entre 1181 et 1192 ou entre 1194 et 1198 (§ 15 n° 3). La *Fundatio* ne peut donc être antérieure à 1181. Aucun décès n'étant attesté pour les abbatiats suivants, c'est donc sans doute sous l'abbatiat de Godescalc que la *Fundatio* a été écrite : l'auteur affichant 46 années de vie monastique au début de cet abbatiat, il était temps, en effet, qu'il se mette au travail.

L'auteur

La *Fundatio* est anonyme. Mais il est possible de se faire une image partielle de son auteur, voire de proposer un nom.

Sauf exception, l'auteur de l'histoire d'un monastère est un moine du monastère en question. C'est le cas ici aussi, comme l'auteur le souligne à plusieurs reprises : il s'inclut dans le groupe de moines qui entourait le site de la future église en psalmodiant[27], il précise, à propos de sa liste des moines entrés à Vaucelles durant l'abbatiat de Raoul, qu'il a vu presque tous ces moines de ses propres yeux[28], il mentionne enfin un voyage qu'il fit avec l'abbé Raoul à Clairvaux[29].

Mais l'auteur est plus précis, puisqu'il dit avoir vécu près de 17 ans avec l'abbé Raoul[30]. Celui-ci étant mort en

26. La mort de Conon est mentionnée au § 17[66]. Sur la date de cette mort, voir TOCK, « Les fondations anglaise et galloise », p. 801. D. KNOWLES et al., *The Heads of Religious Houses*, p. 147.

27. § 6, p. 10 (*Quo cum pervenissemus ... cantantibus*).

28. § 7, p. 10-12 (*Horum omnium ... curabimus*).

29. § 23, p. 54 (*Nam in Claravalle ... decantaret*).

30. § 22, p. 52 (*Ut per annos ... viximus*).

décembre 1151, cela suppose que notre auteur est entré à l'abbaye dans le courant de l'année 1135.

On peut sans doute aller plus loin. D'abord en supposant que l'auteur a dû jouer un rôle au *scriptorium*. Si n'importe quel moine, en effet, pouvait connaître la communauté monastique, seul un scribe, ou mieux encore un responsable du *scriptorium*, pouvait savoir quel moine avait écrit quels manuscrits. L'auteur dit d'ailleurs avoir déjà rédigé un récit de la consécration de l'église (§ 6) et fait référence à ses lectures quand il dit n'avoir jamais lu ni entendu que le Diable ait tenté le Christ après sa Passion, ou quand il met de côté ce qu'il a pu lire ou entendre sur les actions des juifs, des païens ou des hérétiques (§ 44).

D'autre part, on peut supposer que l'auteur s'est inscrit lui-même dans la liste des moines entrés à Vaucelles sous l'abbé Raoul. Et parmi ceux-ci, il ne peut par définition être qu'un des moines dont le décès n'est pas signalé. Il est vrai que cela n'est pas très précis : sur les 107 moines entrés à Vaucelles jusqu'en 1151, la *Fundatio* n'indique de date (sous forme d'abbatiat) de décès que pour 45 d'entre eux. Non pas, sans doute, que les 62 autres vivaient encore dans les années 1180 ou 1190, mais parce que l'auteur n'a pas traité cette information avec un esprit très systématique.

Or trois moines sont mentionnés dans la liste comme ayant été des *custodes scriptorum*, traduisons : des responsables des scribes. Gautier, mais il est mort sous l'abbé Aleaume (§ 17 n° 81); Foulques de Cambrai (§ 17 n° 5) et Étienne de Cambrai (§ 17 n° 82). Plusieurs éléments permettent de penser que c'est Foulques de Cambrai qui a écrit la *Fundatio*.

Étienne de Cambrai avait été prêtre, sous-portier et responsable des scribes ; il ne semble pas avoir écrit de livre. Foulques de Cambrai, en revanche, avait été chantre et a copié plusieurs manuscrits, dont le *de statu interioris hominis* de Richard de Saint-Victor, qui n'a pas été rédigé avant au plus tôt 1159, ce qui plaide en faveur de sa longévité. C'est donc un intellectuel, responsable du travail d'écriture, dès lors parfaitement indiqué pour décider d'écrire l'histoire de son monastère.

De surcroît, Foulques vient du Saint-Sépulcre de Cambrai, qui est précisément l'abbaye dans laquelle vivait un parent de l'auteur et dont il connaissait le prieur[31].

Gaspard de Soif d'ailleurs, malheureusement sans indiquer ses sources, parle à deux reprises de la *Fundatio* en l'appelant le *Liber Fulconis*[32].

Enfin, selon la continuation de la *Fundatio*, lors de la pose de la première pierre de la troisième église en 1190, ne vivait plus à Vaucelles qu'un seul des moines présents lors des débuts de la deuxième[33] église un demi-siècle plus tôt, un moine appelé Foulques[34]. Or il n'y eut, sous l'abbé Raoul, que deux moines appelés Foulques : outre Foulques de Cambrai, ce fut Foulques, un moine laïc mort durant l'abbatiat de David, et donc hors de cause ici (§ 17 n° 22).

Foulques de Cambrai, moine intellectuel, ancien responsable du *scriptorium*, était donc en 1190 le seul survivant des moines présents à la dédicace de 1149. La *Fundatio abbatiae de Valcellis* a été écrite dans les années 1180 ou 1190 sans doute par un moine Foulques, ancien responsable du *scriptorium*. C'est donc bien à Foulques de Cambrai qu'on peut attribuer la rédaction de cette œuvre.

31. § 39, p. 72 (*Scimus … priore*).

32. Dans sa notice consacrée à l'abbé Raoul, il dit que celui-ci fut un exemple pour tous, *sicut in libro Fulconis continetur plenius*. Et si un lecteur désire en savoir davantage, *recurrat ad librum Fulconis suprascriptum ubi plenius exprimuntur* (Cambrai, Médiathèque Municipale, ms. 975, fol. 291v°).

33. La continuation parle de deuxième et première église, parce qu'elle ne compte pas le premier oratoire, en bois, qui a dû être utilisé de 1132 à 1149.

34. § 89, p. 142 (*Huic autem 2ae fundationi ecclesiae unus tantummodo monachorum ex his qui priorem ecclesiam fundari viderant, Fulco nomine, adhuc supererat*).

Foulques était-il l'auteur d'autres œuvres ? Il nous dit lui-même qu'il avait déjà écrit un ouvrage sur la dédicace de l'abbaye, qui ne nous est pas malheureusement pas parvenu[35]. Mais surtout, il peut être très tentant de lui attribuer la paternité d'une courte œuvre à laquelle on a donné le titre de *De sanctis ecclesiae Cameracensis* et qui est très clairement attribuable à un moine de Vaucelles, puisqu'elle mentionne un Guillaume *olim hujus cenobii Valcellensis prior*, qui avait été témoin de la translation des reliques de saint Adrien à Grammont[36]. Les listes priorales des monastères médiévaux en général, et de l'abbaye de Vaucelles en particulier, sont incomplètes, mais on trouve un Guillaume, prieur de Vaucelles, mentionné dans une charte de 1154[37], qui est sans aucun doute le même que le moine Guillaume de Grammont, ancien moine d'Affligem, devenu prieur sous Richard (donc à partir de 1152 au plus tôt) et qui est mort sous l'abbé Aleaume, donc entre 1166 et 1181 (§ 17 n° 50). Quant à la date de la translation de saint Adrien, elle n'est pas connue avec précision et attribuée, assez largement, au début du XIIe siècle[38].

Le *De sanctis ecclesiae Cameracensis*, connu par deux manuscrits[39], est une addition à la *Vita* de l'évêque de Cambrai Liébert, racontant notamment la construction de l'abbaye du Saint-Sépulcre. L'auteur ensuite déplore que le biographe de Liébert, lorsqu'il signale que lors de la dédicace du Saint-Sépulcre on avait fait venir 22 corps saints de tout le diocèse, ait négligé de donner le nom des saints en question. Il cherche d'une certaine manière à compenser ce manque en relevant le nom des saints dont il sait d'une

35. § 6, p. 10 (*Quando autem … designabimus*).

36. Foulques de Cambrai, *De sanctis ecclesiae Cameracensis*.

37. *Chartes*, n° 16, p. 77.

38. G. Van Bockstaele, « Abbaye de Saint-Adrien à Grammont », p. 79, n. 10.

39. Copenhague, Kongelige Bibliotek, Thott 520 kvartt, fol. 33-34 : E. Jørgensen, *Catalogus codicum*, p. 396. Cambrai, Médiathèque Municipale, ms. 862, p. 37 : A. Molinier, *Catalogue des manuscrits… Cambrai*, p. 342-343.

manière ou d'une autre (*sive legendo, sive audiendo, didicimus*) qu'ils étaient, ou avaient été, dans le diocèse de Cambrai. On reconnaît là un des centres d'intérêt de Foulques !

Intentions de l'auteur

Foulques dit lui-même quel but il poursuit : il veut confier à la mémoire quelques éléments de la vie et de la pensée de l'abbé Raoul, afin que les futurs moines sachent quelles fondations Raoul avait voulu donner à la vie régulière de l'abbaye[40].

Le livre a donc pour héros Raoul, premier abbé de Vaucelles. Pour autant, il ne s'agit pas d'une *Vita Radulfi*, et même si l'auteur donne de l'abbé un portrait long et flatteur, il n'est pas de nature hagiographique : non seulement il n'y a pas vraiment de miracle, mais le récit de la mort de Raoul est expédié très rapidement (§ 87). L'auteur de la *Fundatio* reconnaît aussi que Raoul n'était pas sans défaut : colérique, il s'emportait vite (il devait être sanguin, et avait en tout cas le teint rougeaud) ; mais heureusement il savait, quand il s'était calmé, apaiser par le geste et la parole ceux qu'il avait offensés (§ 63).

Foulques n'était cependant pas mû par ce seul souci de mémoire. L'écriture de la *Fundatio abbatiae de Valcellis* répond aussi, comme toute historiographie monastique, à un impératif moral : il s'agit de montrer quelle était la vie, forcément parfaite, que les moines vivaient dans les premières années d'existence du monastère. Car l'auteur, qui a connu les temps héroïques du premier abbatiat, déplore un certain relâchement dans la vie monastique. Sans jamais mettre en cause nominalement et expressément l'abbé Godescalc, sous lequel il écrit, il insiste à plusieurs reprises sur la qualité de l'observance de la règle sous l'abbé Raoul. Ainsi, dit-il, sous l'abbé Raoul (*in diebus ejus*) personne ne manquait la prière pour parler avec les hôtes, et ceux qui le faisaient étaient

40. § 4, p. 6 (*Sed libet … fuerit*).

réprimandés en chapitre ; personne non plus n'osait manquer la messe conventuelle, personne ne cherchait à parler avec les hôtes ; et quand le prieur ou quelqu'un d'autre était obligé de quitter le chœur, il y revenait dès que possible (§ 31 ; cf. aussi § 29). Il n'y a cependant pas d'opposition absolue entre un âge d'or radulfien et une grisaille godescalcienne : l'interdiction, énoncée par Raoul, de graisser les chaussures plus souvent que tous les 40 jours était encore respectée au moment de la rédaction de la *Fundatio* (§ 54). Dans d'autres cas, l'opposition entre le temps de l'abbé Raoul et le temps de l'écriture de la *Fundatio* ne s'accompagne d'aucun commentaire moral : ainsi l'auteur note-t-il sans aucun état d'âme que du temps de Raoul les charges étaient confiées par l'abbé au cours du chapitre, sous-entendant qu'à l'époque où il écrit ce n'est plus le cas (§ 67).

Cette exaltation d'une période idéale, celle des origines, relève évidemment du lieu commun. Mais n'est pas forcément dénuée de réalité. D'abord parce qu'il serait assez logique que la routine de la vie monastique fasse davantage sentir ses effets après plusieurs décennies. Mais aussi parce que d'autres sources tendent à confirmer un certain relâchement de la discipline à Vaucelles dans les années 1190. On voit ainsi en 1192 le chapitre général de l'ordre de Cîteaux prendre des sanctions au sujet de la construction de la nouvelle église, jugée trop vaste et trop coûteuse[41] ; pire encore, un étrange récit d'une série de visions survenues à un moine de Vaucelles en 1195 et 1196 nous montre un monastère armé jusqu'aux dents, dans une période il est vrai de troubles extérieurs[42]. Enfin, si on en croit le *Compendium* de Gaspard de Soif, l'abbé Jean (1192-1194) démissionna parce que, trop doux, il n'arrivait pas à s'imposer à l'entêtement de beaucoup (de moines et/ou de convers ?)[43].

41. Cf. ci-dessus, n. 6, p. VIII.

42. P. G. SCHMIDT, « Die Vision von Vaucelles ».

43. *Compendium*, fol. 292r° : *Quia mitis erat et non poterat domare cervicositatem multorum*.

Il ne faudrait cependant pas en conclure trop rapidement que la vie à Vaucelles à la fin du XIIe siècle manquait de régularité. Pas tellement parce que deux chartes de la fin du XIIe siècle, données l'une en 1197 par la ville de Valenciennes, l'autre en 1199 par le seigneur d'Avesnes, font allusion à l'excellence de la vie monastique : on aura tendance à y voir une publicité monastique plutôt qu'un éloge spontané des donateurs[44]. Mais plutôt parce que si l'église monastique était si vaste, c'était aussi parce qu'il y avait beaucoup de moines et convers à accueillir : l'abbaye de Vaucelles restait donc attractive. D'ailleurs, c'est à elle que le duc de Basse-Lotharingie s'adresse en 1200 dans le but, qui ne se réalisera d'ailleurs pas, de fonder une nouvelle abbaye[45].

Autre motivation de l'auteur : garantir un certain apprentissage. À cet effet il n'hésite pas à écrire de longues digressions, comme celle qui porte sur la manière de s'approcher du corps et du sang du Seigneur : il l'explique, dit-il, pour que les lecteurs apprennent ainsi la prudence et le soin qui s'imposent à propos du sacrament (§ 47). Plus concrètement, s'il rapporte que certains prêtres inclinent le calice au-dessus du feu pour le réchauffer, ce n'est pas pour que ce geste soit imité, mais pour qu'on soit conscient qu'il faut être vigilant à ne pas renverser le contenu du calice (§ 43).

Sources

L'auteur de la *Fundatio* a, dans son travail, utilisé des sources très diverses. La principale d'entre elles est sa mémoire, qu'il évoque à plusieurs reprises. Commentant la liste des moines qu'il venait de donner, l'auteur de la

44. *Chartes*, n° 156 : *Propter sanctitatem vite eorum quam bene novimus ; Chartes*, n° 163 : *considerata religione et caritate que in domo et congregatione de Valcellis copiosior invenitur*, selon le seigneur d'Avesnes.

45. *Chartes*, n° 167.

Fundatio précise qu'il les a mentionnés dans l'ordre où ils sont venus à sa mémoire (*sicut memoriae occurrebat*) et qu'il est possible qu'il en ait oublié (§ 19). Il utilise parfois le verbe *memini* (§ 26, 64). Relèvent aussi clairement de la mémoire les quelques passages où il évoque sa présence dans le monastère, évoqués ci-dessus. Enfin, l'auteur utilise parfois le verbe *vidimus*, renvoyant ainsi à des souvenirs personnels : § 7, 30, 38, 41, 43, 45.

L'usage de la mémoire se remarque aussi à des notations plus personnelles, plus subjectives, comme quand l'auteur, à propos d'Herbert de Cambrai, précise qu'il était doux et aimable (§ 17 n° 6). À plusieurs reprises aussi il relate, parfois même au discours direct, des paroles de l'abbé Raoul, qu'il doit sans doute puiser dans sa mémoire ou reconstituer grâce à celle-ci. Enfin, il évoque, discrètement, un souvenir personnel, lorsqu'il relate que Raoul avait averti « l'un de nous » de dire la prière *Jesu Christe juste judex*, ce que, dit-il, ce moine fait encore aujourd'hui : il ne peut donc s'agir que de lui-même !

Foulques a également utilisé les chartes de l'abbaye, ou du moins il les mentionne. Il renvoie à la lecture des archives le lecteur désireux de savoir comment l'abbé Raoul a obtenu l'augmentation du temporel[46]. Mais surtout, il cite toute une série de bienfaiteurs de l'abbaye, en précisant qu'on pourra trouver dans les archives de l'abbaye les preuves de leur générosité[47]. Et de fait, il cite Hugues d'Oisy, châtelain de Cambrai, dont les donations initiales sont confirmées dès 1133[48] ; Raoul de Rumilly et son épouse Ade, qui ont donné à l'abbaye, au plus tard en 1138, leurs biens à Baudival[49] ;

46. § 86, p. 138 (*Bona quoque … poterit*).
47. § 2, p. 4 (*Locum istud … reperiri*).
48. Charte de l'évêque de Cambrai Liétard (*Chartes*, n° 2, p. 58-60).
49. Raoul de Rumilly et son épouse Ade ont donné à l'abbaye de Vaucelles au plus tard en 1138 leurs biens à Baudival (charte confirmative de Nicolas, évêque de Cambrai = *Chartes*, n° 4 ; voir

Gérard de Busigny, dont on n'a pas gardé d'acte de donation mais dont on sait qu'il se montra généreux à l'égard de l'abbaye[50] ; Hunon d'Honnecourt dont les dons sont confirmés en 1154 par Baudouin, évêque de Noyon[51] ; Robert *Lupus* ou Le Loup, de Bantouzelle, qui donne des biens à l'abbaye de Vaucelles au plus tard dès 1138[52] ; et Nicolas, évêque de Cambrai[53]. Lorsqu'il parle des bienfaiteurs de l'abbaye,

aussi les confirmations pontificale = *Chartes*, n° 6 et impériale = *Chartes*, n° 7). D'autres donations sont confirmées en 1145 par le même évêque Nicolas (= *Chartes*, n° 11 ; confirmation par l'empereur en 1159 = *Chartes*, n° 23 ; par le pape en 1169 = *Chartes*, n° 48).

50. En 1155 Nicolas, évêque de Cambrai, notifiait que Gilles de Busigny confirmait une donation effectuée par son père Gérard (*Chartes*, n° 19, p. 80-81), mais on ne dispose pas d'autre renseignement au sujet de ce dernier, si ce n'est, selon le texte de cette charte, qu'il aima beaucoup Vaucelles et l'enrichit (*prefatam ęcclesiam valde dilexerat, beneficiisque suis eam ditaverat*). Gilles souscrit encore en 1165 une charte de Simon d'Oisy, châtelain de Cambrai (*Chartes*, n° 38, p. 101-102). Le mariage entre Gautier et Ermengarde, fille d'Hugues d'Oisy (elle-même est attestée en effet dans l'acte n° 2, p. 58-60 en 1133), mentionné par la *Fundatio*, § 2, n'est pas signalé dans les chartes de Vaucelles parvenues à notre connaissance.

51. Hunon d'Honnecourt fait partie, avec son fils Gautier, des nombreux donateurs dont les bienfaits sont confirmés en 1154 par l'évêque de Noyon Baudouin (*Chartes*, n° 16, p. 73-77). Tous deux sont ensuite fréquemment cités dans les chartes de Vaucelles.

52. Robert *Lupus* ou Le Loup, de Bantouzelle, donne des biens à l'abbaye de Vaucelles au plus tard dès 1138 (confirmation cette année par l'évêque de Cambrai Nicolas, *Chartes*, n° 4) et est ensuite fréquemment cité dans les chartes de l'abbaye.

53. Devenu évêque de Cambrai en 1136, Nicolas n'était donc pas évêque en 1132, à l'arrivée des moines claravalliens à Vaucelles. L'auteur de la *Fundatio* a sans doute été abusé par le grand nombre de chartes données à Vaucelles par cet évêque (Voir *Chartes*, n° 4, 11, 17, 18, 19, 20, 22, 25, 26, 29, 31, 33, 37, 41, 44).

cependant, ce qu'il dit ne correspond que partiellement à ce qui figure dans les chartes conservées.

A-t-il utilisé un nécrologe ? Nous n'avons gardé de notices nécrologiques qu'en additions marginales, assez peu nombreuses au demeurant, à un martyrologe[54]. Le fait que Foulques ait pu se souvenir aussi précisément de la date de décès de plusieurs dizaines de moines amène à supposer qu'il dut y avoir un nécrologe complet. Il est vrai qu'il est alors difficile d'expliquer pourquoi il omet autant de dates de décès de moines. *In fine*, c'est le fait que Foulques précise que l'abbé Raoul fit écrire (*scribi fecit*) la *memoria* des moines de l'abbaye d'Hautmont (§ 51) dans la *commemoratio parentum* qui amène à conclure qu'en effet, il dut y avoir un nécrologe à Vaucelles dès le milieu du XIIe siècle. Cela expliquerait aussi pourquoi certaines donations mentionnées au § 50 ne sont pas signalées dans des chartes, bien qu'il ait aussi pu y avoir des pertes[55].

L'auteur se réfère aussi parfois à un *liber usuum* (§ 30), ce qui correspond aux *Ecclesiastica Officia*. Nous connaissons malheureusement trop mal les différentes versions de cet ouvrage pour pouvoir utiliser cela comme critère de datation (la première version datait sans doute d'avant 1126/1127, mais la version connue date de 1184/1186)[56].

Il cite le sermon de Bernard de Clairvaux prononcé à l'occasion de la mort de l'abbé d'Igny Humbert (§ 31)[57], ainsi que le *de institutione coenobiorum* de Jean Cassien (§ 54), la règle de saint Benoît (§ 54 et 65) ou la vie de Fulgence de Ruspe (§ 87).

54. Londres, British Library, ms. Harley 2902.
55. Sur les actes perdus de l'abbaye de Vaucelles, voir *Chartes*, p. 9.
56. D. CHOISSELET et Pl. VERNET, *Les Ecclesiastica Officia*, p. 46 et 49-51.
57. BERNARD DE CLAIRVAUX, *Sermo in obitu domini Humberti*. Humbert est mort en 1138.

L'auteur indique aussi qu'il avait déjà écrit un ouvrage sur la dédicace de l'abbaye, qui ne nous est pas parvenu[58]. Est-ce dans cet ouvrage, qui aurait alors été écrit au moment même de la dédicace ou peu après, que l'auteur a retrouvé la liste des reliques déposées dans les autels ? En tout cas, il déplore ne pas savoir quelles sont les reliques du dixième autel, celui qui fut consacré plus tardivement, sous l'abbé Richard (1152-1160), puisque cela n'a pas été mis par écrit avant leur dépôt dans l'autel (§ 80).

Enfin, Foulques a évidemment utilisé des sources orales, même s'il ne les cite pas souvent. Les abbés Raoul et Richard lui ont rapporté des propos de Bernard de Clairvaux, annonçant la prospérité spirituelle de Vaucelles[59]. Il évoque aussi une intervention de l'abbé Richard dans une discussion monastique (§ 5). Il relève une confidence reçue de Conon, moine de Vaucelles et abbé de Whitland : *sicut a saepefato fratre Chonone accepimus* (§ 12). Il rapporte avoir entendu parler d'un incident survenu à une hostie dans un monastère saxon (§ 34), d'un propos tenu par le prieur Guillaume (§ 39), de l'attitude de certains abbés en période de grand froid (§ 43) ou du comportement anti-eucharistique d'un chanoine régulier (§ 46).

Sans que ce ce soit une source à proprement parler, on peut aussi mentionner la citation d'un proverbe (*sicut vulgo dici solet*) : « l'occasion fait le larron » (*opportunitas furem faciat*) (§ 69)[60].

58. § 6, p. 10 (*Quando autem vel a quibus personis ecclesia dedicata, quibus altaribus decorata, quibusve reliquiis insignita fuerit, licet alibi descripserimus, tamen in hoc opere, si Dominus voluerit, in loco opportuno designabimus*).

59. § 5, p. 8 (*Sicut … accepimus*).

60. Voir *Thesaurus Proverbiorum Medii Aevi*, t. 2, p. 210-211 (§ 6.1. : « Gelegenheit macht zum Dieb »).

Valeur du témoignage

Il est bien entendu impossible de garantir la véracité de toutes les informations transmises par Foulques de Cambrai. Celui-ci avait-il vraiment une excellente mémoire, ou est-il susceptible d'avoir mélangé des noms et des souvenirs, d'avoir imaginé des anecdotes ? Nous ne le saurons jamais.

On ne relève en tout cas aucune erreur manifeste[61], alors que les noms cités dans la *Fundatio*, lorsqu'ils sont identifiables, sont généralement exacts. De même, la date de la consécration de l'église et les noms des évêques présents, par exemple, sont confirmés par Lambert de Wattrelos[62].

61. Une erreur sans conséquence concerne, au § 1, l'empereur Lothaire II. Lothaire III, couronné empereur le 4 juin 1133, n'était donc encore que roi des Romains lors de la fondation de Vaucelles, mais cet anachronisme n'est pas grave : l'auteur de la *Fundatio* écrit plusieurs décennies après ces faits. Plus étrange est le fait qu'il parle de Lothaire II et non Lothaire III, alors que c'était ainsi qu'il était généralement désigné. On peut noter cependant que vers 1164 THIERRY DE DEUTZ dans son *Chronicon*, p. 564, et au XIIIe siècle CONRAD DE SCHEYERN dans ses *Catalogi*, p. 628, parlent eux aussi de Lothaire « II ». Il est vrai que Lothaire II (855-869) n'a jamais été empereur. Je remercie Wolfgang Petke qui m'a communiqué ces renseignements.

62. À l'année 1149 LAMBERT DE WATTRELOS, *Annales Cameracenses*, p. 518, note : *Domnus Samson Remensis archiepiscopus pluribus de causis ascitus fuit partibus in istis, partim pro discordia comitum, partim pro benedictionibus ecclesiarum. Nam infra ebdomadam Pentecostes abbatie Valcellensis ecclesiam benedixit. Sabbato nempe Pentecostes in unum comites convenerunt, scilicet ad montem qui nuncupatur Specula sancti Remigii ; et domnus illic archiepiscopus necnon et episcopi Gozilenus Suessionensis, Nicholaus Cameracensis, Balduinus Noviomensis, Gerardus Tornacensis, Milo Tarvanensis aliaeque nonnullae satis preclarae personae adfuerunt*. Lambert ne dit pas explicitement que ces évêques ont participé à la consécration de l'église de Vaucelles, mais comme ce sont précisément les mêmes évêques (auxquels s'ajoute cependant Baudouin de Noyon) que ceux dont parle la *Fundatio* à ce sujet (§ 75), cela paraît certain.

La meilleure garantie de véracité globale du texte vient cependant de ce que Foulques raconte des fondations faites par Vaucelles en Grande-Bretagne. Il attribue à Vaucelles une bonne part du travail de fondation de l'abbaye de Whitland, ce qui n'est confirmé par aucune autre source, mais les noms qu'il donne correspondent à ce qu'on sait de Whitland et de sa fille, *Strata Florida*. Il attribue aussi à Vaucelles la fondation d'une abbaye éphémère, celle de Rushock, dans le diocèse de Hereford : les liens entre Vaucelles et Rushock sont confirmés par plusieurs actes du cartulaire du prieuré St-Guthlac de Hereford[63].

Réception

Si elle a été presque complètement ignorée par les historiens du XXe siècle, la *Fundatio* avait été auparavant très largement utilisée, directement ou non. Mais il faut d'abord signaler qu'il y avait aussi à Vaucelles une continuation à la chronique de Sigebert de Gembloux, dont le manuscrit a malheureusement été perdu. Elle se trouvait dans un *codex* contenant les chroniques d'Eusèbe de Césarée, Prosper d'Aquitaine et Sigebert de Gembloux ; entre autres choses, ce *codex* contenait aussi les *nomina et origo regum Francorum* jusqu'au milieu du XIIe siècle[64]. L'ensemble Eusèbe-Prosper-Sigebert a été composé tout d'abord à l'abbaye

63. Sur tout ceci, cf. B.-M. TOCK, « Les fondations anglaise et galloise ».

64. Voir C. CALLEWAERT, « La *Continuatio Valcellensis* », p. 392. Ce manuscrit figure en 1775 dans l'inventaire de la bibliothèque des Bollandistes (n° 35 de la liste dressée cette année-là par Gérard : B. OP DE BEECK, p. 201) et en 1779 parmi ceux qui étaient confiés à l'historiographe Ghesquière, ancien bollandiste (B. OP DE BEECK, p. 235). On en perd ensuite la trace. Voir F. DOLBEAU, « Les manuscrits des anciens Bollandistes », p. 400.

d'Anchin sans doute dans les années 1110[65]. C'est d'ailleurs un manuscrit d'Anchin[66], mais avec des continuations de 1155 et 1166, qui fut copié à Vaucelles après 1166, mais avant 1179[67]. Comme nous ne disposons que de bribes de cette continuation, il nous est difficile de savoir dans quelle mesure des auteurs ont pu la prendre comme source plutôt que la *Fundatio*[68].

Le premier historien moderne, après Gaspard de Soif bien entendu, à travailler sur l'histoire de Vaucelles est Aubert Le Mire. Celui-ci cependant n'utilise pas la *Fundatio*, mais la continuation à la chronique de Sigebert, qu'il cite à plusieurs reprises[69] : pour la fondation, la dédicace en 1149, la mort de l'abbé Raoul en 1151, l'enterrement des trois premiers abbés dans la nouvelle église sur l'ordre du concile (*sic* pour « après le concile ») de Latran III. Les informations données par Le Mire ne sont pas reprises, deux ans plus tard, par Ferri de Locres, auteur d'un *Chronicon Belgicum*, qui ne parle pas de Vaucelles[70] ; il est vrai que la « Belgique » de cet auteur correspond surtout à l'Artois.

Chrysostome Henriquez, dans le livre 2 de son *Fasciculus sanctorum ordinis Cisterciensis* paru en 1623, aborde

65. M. Chazan, *L'Empire et l'histoire universelle*, p. 315, qui ne date pas le manuscrit d'Anchin : celui-ci a été écrit entre la fin de l'année 1112 (date de la dernière indication) et 1127.

66. Le manuscrit d'Anchin est le Douai, B. M., ms. 799 : M. Chazan, *L'Empire et l'histoire universelle*, p. 328. Voir aussi J.-P. Gerzaguet, *L'abbaye d'Anchin*, p. 31-32.

67. Le récit du concile de Latran III est en effet ajouté après la chronique (*haec ad finem adjiciuntur extra chronici ordinem*) d'après *AASS Jan.*, t. 2, p. 893.

68. Je remercie François Devriendt (Société des Bollandistes) pour les recherches malheureusement infructueuses qu'il a effectuées pour retrouver le manuscrit de Vaucelles.

69. A. Miraeus, *Chronicon Cisterciensis ordinis*, p. 85-86 : *ex appendice a Valcellensibus addita ad Sigeberti manuscriptum chronicon quam olim Abrahami Ortelii fuit, nunc in bibliotheca collegii societatis Jesu Antuerpiae adseruatur*.

70. F. Locrius, *Chronicon Belgicum*.

à quatre reprises l'abbaye de Vaucelles. Il présente brièvement les abbés Raoul, Richard et Nicolas d'après Le Mire, et en citant explicitement la continuation à Sigebert[71]. Mais très curieusement, à la distinction 40, il parle de l'abbaye de Vaucelles[72] d'après les compléments de Raisse à Molanus, pourtant publiés seulement en 1626 ! On peut supposer qu'il y eut une correspondance entre ces deux érudits, et communication de l'un à l'autre de leurs découvertes. Quoi qu'il en soit, dans son Ménologe mal daté mais postérieur, Henriquez utilise Miraeus, mais surtout de Raisse[73].

Car c'est Arnold de Raisse, dans ses compléments aux *Natales sanctorum Belgii* de Molanus, qui semble être le premier auteur à citer la *Fundatio ;* ou plutôt, l'ensemble de l'œuvre compilée ou écrite par Gaspard de Soif. Au 28 janvier il annonce le décès de l'abbé Richard, en utilisant une chronique manuscrite de Vaucelles qui lui avait été transmise par le prieur Robert Piérin, et le *Fasciculus Sanctorum* de Henriquez. Et de fait, à côté de l'élévation des ossements des abbés en 1179, il cite littéralement la notice de Gaspard de Soif consacrée à Richard : *Is Anglus natione fuit, moribus maturus, discretione praecipuus, hilaris vultu, affabilis in colloquiis, statura decorus, temperatus in omnibus et per omnia laudabilis*[74]. Raisse ajoute simplement l'origine anglaise de Richard, qui n'avait jamais été mentionnée nulle part et qu'il a sans doute inventée. Au 30 mai Raisse mentionne l'abbé Nicolas et l'élévation des ossements des abbés, d'après Henriquez[75].

71. Chr. Henriquez, *Fasciculus sanctorum*, p. 222, 227, 231-232 (= livre 2, distinction 26, chap. 14, 26 et 32).

72. Chr. Henriquez, *Fasciculus sanctorum*, p. 385-386.

73. Chr. Henriquez, *Menologium Cistertiense*, p. 30 et 434-435.

74. A. de Raisse, *Ad Natales sanctorum Belgii*, fol. 12r-v. Pour le texte de Gaspard de Soif, voir le ms. B. M. Cambrai 975, fol. 292r°.

75. A. de Raisse, *Ad Natales*, fol. 82v-83r.

Mais c'est surtout au 30 décembre que Raisse consacre une longue notice à l'abbé Raoul, tirée, dit-il, de la chronique manuscrite que lui avait fait parvenir le prieur Piérin. Il raconte l'origine anglaise de Raoul, originaire de *Merstona*, sa conversion à Clairvaux au retour d'un voyage dans les Pouilles et sa désignation à l'abbatiat de Vaucelles par Bernard (cf. *Fundatio*, § 4). Raisse dresse ensuite un portrait moral de Raoul, très conforme à celui de la *Fundatio*, et revient à une approche plus littérale en relevant que l'abbé se levait dès la sonnerie de l'horloge (§ 27), son incitation à la prière pour les bienfaiteurs (§ 47), sa pingrerie à l'égard de Simon d'Oisy (§ 48) et de son père Hugues (§ 49), sa générosité en période de famine (§ 56) et le fait que l'évêque de Cambrai Nicolas disait le craindre davantage encore que l'empereur (§ 63). On le voit, Raisse suit l'ordre de la *Fundatio*. Avant la mention de l'évêque Nicolas cependant, il explique que Raoul laissait à sa mort 107 moines, trois novices et 130 convers, ce qui est une mauvaise lecture de l'effectif des moines et convers entrés à l'abbaye sous l'abbaye de Raoul[76].

On a déjà vu plus haut que Nicolas Daussy, prieur de Vaucelles, avait en 1633 adressé aux Bollandistes une copie partielle et retravaillée de la *Fundatio*. Il s'agissait alors de savoir dans quelle mesure Raoul devait être compté au nombre des saints. Il ne le fut pas, mais Heinschenius consacra dans les *Acta Sanctorum* une brève notice à l'abbé Richard (mort en décembre, l'abbé Raoul n'est pas concerné par cette collection qui n'a pas dépassé le mois de novembre), pour laquelle il utilisa le texte de Daussy[77]. Au

76. DE RAISSE, *Ad Natales*, fol. 384v-386r. La *Fundatio* donne l'effectif global des moines et des convers entrés à Vaucelles durant l'abbatiat de Raoul.

77. *AASS Januarii* t. 2, Anvers, 1643, p. 892-893 : *Additur huic elogio a reverendo domino Nicolao Daussy priore Valcellensi, in litteris ea de re ad nos datis, ex antiquo codice ms. quod Raissius Chronicon manuscriptum appellat.* Heinschenius cite aussi plus loin le texte : *In Nicolai Daussy MS. codice cujus auctor Radulfo se testatur annis XVII convixisse, haec de abbatum primorum*

passage on notera que Daussy comprend lui aussi que les 107 moines, 3 novices et 130 convers représentent l'effectif de l'abbaye de Vaucelles à la mort de Raoul (cf. § 19).

On signalera pour mémoire la notice consacrée à Vaucelles dans la *Gallia Christiana* de Claude Robert en 1626[78], et celle que Thomas Dempster écrivit sur Raoul en 1627[79]. Dempster confondit Raoul de Vaucelles avec Raoul de Sainte-Colombe, abbé de Saint-Évroult[80] ; son attribution à Raoul de Vaucelles d'un commentaire de la règle de saint Benoît ne peut donc être retenue, comme l'avait déjà souligné en 1642 Manrique, qui parlait de Raoul et de son successeur Richard d'après Arnold de Raisse[81].

La notice consacrée à l'abbé Richard (*De beato Richoardo sive Richardo, abbate Valcellensi in Belgio*) par les *Acta Sanctorum* en 1643 utilise comme sources : le *Menologium Cisterciense* de Henriquez ainsi que son *Fasciculus Sanctorum*, la *Continuatio* de Vaucelles à la chronique de Sigebert de Gembloux, la *Gallia Christiana* de Claude Robert[82], le *Chronicon Cisterciense* de Miraeus, la copie fragmentaire de la *Fundatio* par le prieur Daussy, et enfin de Raisse (tout en prétendant que celui-ci copie Henriquez).

En 1664 Jean Le Carpentier utilise la *Fundatio* (peut-être d'après le *Compendium* de Gaspard de Soif), puisqu'il est le premier à évoquer la fondation de Whitland et de Rushock,

successione monasteriique incrementis habentur : Reliquit centum… : Heinschenius reprend ensuite les § 19 et 20 de la *Fundatio* d'après le ms. *B*.

78. Cl. ROBERTUS, *Gallia Christiana*, p. 654, d'après le *Fasciculus* d'Henriquez, livre 2, distinction 40.

79. Th. DEMPSTER, *Historia ecclesiastica*, p. 544.

80. Au sujet de ce personnage, V. GAZEAU, *Normannia monastica*, t. 2, p. 289.

81. A. MANRIQUE, *Cistercienses annales*, t. 2, chap. VIII p. 244 et chap. IX p. 191.

82. Cl. ROBERTUS, *Gallia Christiana*, p. 654, qui renvoie à Miraeus et Henriquez.

mais il ne la cite pas explicitement[83]. Le Carpentier reprend en fait un texte qui a été écrit à Vaucelles, peut-être d'ailleurs à son intention, en tout cas sous l'abbatiat d'Alexandre Caudron (1659-1673)[84]. La *Fundatio* n'est d'ailleurs pas la seule source de Le Carpentier, puisque celui-ci cite une longue liste de seigneurs supposés présents à la consécration de l'église en 1149, et dont la *Fundatio* ne dit rien. Les noms de ces seigneurs sont tirés des archives de l'abbaye, ce qui suppose que Le Carpentier y ait eu accès[85]. Et on sait à quel point Le Carpentier a pu créer de faux documents[86] !

83. J. LE CARPENTIER, *Histoire généalogique des Païs-Bas t.* 2, p. 497-499.

84. Paris, B.N.F., ms. fr. 14415 : *Histoire de l'abbaye de Vaucelles, religieux de l'Ordre de Citeaux, fondée en 1132, située à deux lieues de Cambray*. Cf. p. 28-29 : « [L'abbé Michel Daillet] finit ses jours l'an 1659, auquel succéda Alexandre Caudron, qui par sa discrétion, sa tempérance et son ardeur nous fait espérer des grandes choses ». Le seul manuscrit connu de ce texte n'a pu être la source de Le Carpentier, puisque le scribe a oublié quelques mots qui figurent bien chez Le Carpentier : dans le passage relatif à la fondation de l'abbaye, Le Carpentier écrit (p. 497) : « fonda le monastère de Vaucelles sur la rivière de l'Escaud à 2 lieues de Cambray, non loin de sa ville de Crèvecoeur ». Dans le ms. B.N.F. fr. 14415, p. 12, cela devient : « fonda le monastère de Vaucelles sur la rivière de Crévecoeur ». C'est la seule différence significative entre les deux textes. Sur les dates de l'abbatiat d'Alexandre Caudron voir *GC*, t. III, col. 183.

85. Apparaissent dans les actes du XIIe siècle, outre ceux qui sont cités lors de la fondation, Hugues de Rumilly, Gautier de Banteux, Raoul et Gautier de Vinchy, Jean et Robert le Leu, Guerric du Cateau, Aldedus de Péronne, Henri d'Allaines, Simon d'Inchy, Barthélemy d'Epéhy, Gautier de Bousies, Jean de Villers-Guislain, Gautier d'Honnecourt, Guillaume de Banteux (cf. *Chartes*, *passim*). Baudouin de Beauvoir donne un acte en 1218 (Arch. dép. Nord, 28 H 6/162), Gilles de Roisel en 1227 (Arch. dép. Nord, 28 H 47/1210). Pour Raoul d'Escaufours voir Arch. dép. Nord, 28 H 23 ; Adam d'Audencourt 28 H 25 ; Adam de Caudry et Aleaume de Bévillers 28 H 31.

86. Il n'existe pas d'étude approfondie du travail de Le Carpentier. On pourra cependant voir à son sujet Ch. DU ROZOIR,

En 1697 Le Nain, dans son Histoire de l'ordre de Cîteaux, ajoute tardivement une « Vie du B[ienheureux] Radulphe ou Raoul, premier abbé de Vaucelles ». Elle est tirée de la *Fundatio*, sans l'intermédiaire de Raisse, puisqu'il cite notamment l'épisode des souliers brûlés (*Fundatio*, § 54, d'après Daussy) et l'interdiction de communiquer même avec son père (§ 29, pas d'après Daussy)[87].

À une date inconnue du XVIIe siècle une chronique écrite par un moine anonyme du Cateau-Cambrésis renvoie tantôt à une *tabula abbatum Valcellensium*, tantôt à un *catalogus abbatum Valcellensium*, mais il semble bien qu'il s'agisse de la *Fundatio*, sans doute dans la version de Gaspard de Soif ce qui peut expliquer qu'elle ait été prise pour une liste des abbés. L'auteur fait en tout cas le récit de la dédicace de l'église en 1149 d'après Lambert de Wattrelos[88], qui est d'une manière générale sa principale source, mais signale qu'il y en a un récit plus détaillé dans cette fameuse liste[89]. Pour l'année 1151 il raconte la mort de Raoul d'après la *Fundatio*, en renvoyant en marge à ce *catalogus abbatum Valcellensium* et en citant le chiffre de 107 moines et 130 convers laissés par Raoul[90].

« Notice sur les historiens de Flandre », p. 108-109, et les remarques de B.-M. TOCK et L. MILIS, *Monumenta Arroasiensia*, p. 42 et de J.-P. GERZAGUET, *Les chartes d'Anchin*, p. 107.

87. P. LE NAIN, *Essai sur l'histoire de l'ordre*, t. 7 (livres 13 et 14), p. 462-465.

88. LAMBERT DE WATTRELOS, *Annales Cameracenses*, p. 518.

89. *De dedicatione vero ecclesie Valcellensis de qua mentionem facit hec habet latius scripta tabule abbatum Valcellensium* (Lille, Arch. dép. Nord, 8 H 261, fol. 1v°).

90. *Eodem anno cum venerabilis Radulphus abbas Valcellensis desiderium cordis sui ante obitum suum obtinuisset a Domino Deo ecclesie nimirum sue dedicationem oculis suis videre, post aliquos sue infirmitatis menses, ingravescente morbo, beati Fulgentii edoctus exemplo, a fratribus suis si quid forte adversus eum haberent ex charitate condonari sibi humiliter petiit et facile obtinuit. Tandem factus in agonia suis precepit fratribus ut misericordiam implorarent, quatenus a nexibus corporis citius*

Richard Moreno (1673-1720), abbé de Vaucelles, écrivit une *Histoire des abbez de Vaucelles* (ms. Bruxelles, Bibl. Roy., ms. 12274), qui est librement inspirée de l'œuvre de Gaspard de Soif (y compris la *Fundatio*)[91]. Le même Moreno, complété par ses successeurs Beauvilain (1721-1723) et Wartelle (1723-1741), a également écrit une chronique latine, qui en 1883 appartenait à Victor Delattre, mais qui été perdue depuis lors[92].

Le passage décrivant l'horloge (§ 65) est copié mot à mot, mais sous le nom de *Gesta abbatum* de Gaspard de Soif, par dom Carpentier dans ses additions au dictionnaire de Du Cange datant de 1766[93].

La *Fundatio* a été utilisée par l'abbé Firmin Charlier (né en 1854), dans un mémoire couronné par la Société d'émulation de Cambrai en 1923, et dont une version dactylographiée se trouve à la Médiathèque de Cambrai.

mereretur dissolvi. Compos autem sui ad emissionem usque spiritus extitit, orantibus autem fratribus feria 6ª, 3 kalendas januarii, anno 1151 obdormivit in Domino, regiminis sui anno 20°. Reliquit post se monachos 107, nouitios 3 et conversos 130 (Lille, Arch. dép. Nord, 8 H 261, fol. 5r). À comparer avec la *Fundatio*, § 87.

91. J. Van den Gheyn, *Catalogue des manuscrits*, *t.* 6, n° 4522, p. 748. Voir É. Brouette, et al., *Dictionnaire des auteurs cisterciens*, t. 2, col. 508-509.

92. Bulteau, « Étude historique », p. 28 et 90-91.

93. D. P. Carpentier, *Glossarium novum*, *t.* 2, p. 234 : *Horologium solare ita describit Gasp. de Soif monachus Valcel. circa initium saeculi XV. in Gestis abb. ejusd. monasterii Mss.* Au t. 4, p. XXI de l'*Index seu nomenclator scriptorum*, Carpentier reprend : *Gaspardus de Soif, monachus Valcellensis, scripsit circa initia saeculi XV. Compendium super Gestis Abbatum ejusdem Monasterii.*

Apport du texte

La *Fundatio abbatiae de Valcellis* est un texte hors du commun, qui apporte de nombreux renseignements inédits sur la vie d'une abbaye cistercienne dans les années qui ont suivi sa fondation. Le morceau de bravoure, en quelque sorte, est la liste des moines et des convers entrés à l'abbaye sous le premier abbé : c'est là, pour le XIIe siècle, un document absolument unique, qui permettra de jeter une lumière neuve sur la composition et le fonctionnement des communautés monastiques. Et sur le *scriptorium* et la bibliothèque, puisque cette liste présente une liste de livres écrits à Vaucelles dans le courant du deuxième tiers du XIIe siècle.

Également unique, en tout cas par sa longueur, le passage sur le soin à prendre quand on manie le corps et le sang du Christ, lors de l'eucharistie : Foulques rejoint là une inquiétude bien présente au XIIe siècle, mais exprime une angoisse particulière. Le récit de la consécration de l'église en 1149 n'est pas unique, puisqu'on dispose d'équivalents pour d'autres abbayes, mais malgré tout riche en renseignements précis, autant sur les prélats consécrateurs que sur les reliques utilisées.

Il y a, aussi de nombreux renseignements sur les conditions de la fondation, l'importance de la filiation, les fondations auxquelles Vaucelles participa, les relations avec les autorités laïques et ecclésiastiques, le rôle de l'abbé, la liturgie, la vie quotidienne, le problème posé par les religieux irréguliers, voleurs ou mentalement fragiles… *In fine*, puisque c'est pratiquement le dernier passage du livre, se trouve un assez ample développement sur la fête de la dédicace et ses liens avec l'Ascension.

Ajout au texte

La *Fundatio* se poursuit, dans le ms. C, par un bref récit des abbatiats successifs, depuis celui d'Aleaume (1168 ? – 1181, oubliant ainsi ceux de Nicolas et de David) jusqu'en 1235 et la consécration de la nouvelle église monastique. Ce texte est postérieur à la *Fundatio*, et il est difficile de savoir s'il a été écrit d'un seul tenant peu après 1235 ou si, ce qui est plus probable, il a été rédigé en plusieurs fois. Il est en tout cas postérieur à l'abbatiat d'Aleaume, d'autant que c'est un ajout à la *Fundatio*, écrite après le décès de celui-ci.

La *Fundatio abbatiae de Valcellis* et l'historiographie cistercienne

Il nous manque encore une étude approfondie de l'historiographie cistercienne du XIIe siècle, surtout si on excepte les textes relatifs à l'abbaye éponyme de l'ordre, celle de Cîteaux[94]. Mais cette historiographie est alors assez rare : peu de monastères cisterciens ont, semble-t-il, écrit leur histoire au XIIe siècle[95].

L'histoire de la conversion de Pons de Léras et de la fondation de Silvanès, écrite entre 1161 et 1171 par Hugues *Francigena*, moine de cette abbaye, raconte, comme son titre l'indique, la conversion d'un laïc, et ensuite la fondation d'un monastère, en insistant sur le rassemblement de

94. Chr. WADDELL, *Narrative and legislative texts*. J'excepte aussi ici les textes hagiographiques, plus nombreux chez les Cisterciens, puisque précisément la *Fundatio* n'est pas une *Vita Radulfi*.

95. E. FREEMAN, *Narratives of a New Order*, p. 91-98, essaie de réhabiliter l'activité intellectuelle en générale, et historiographique en particulier, des cisterciens anglais, mais doit quand même attendre le début du XIIIe siècle pour voir réellement apparaître des récits de fondations de monastères.

religieux, la transformation en abbaye, le changement de lieu[96] ; de même, pour l'abbaye du Valasse la chronique écrite sans doute dans les années 1170 relate en détail les circonstances difficiles de la fondation du monastère, le comte Galeran de Meulan ayant eu du mal à concrétiser son projet[97] ; Le récit de la fondation de Byland et Jervaulx, écrit par l'abbé de Byland Philippe (1196-1197/1198), se concentre de même sur les aléas de la fondation et des premières années des deux monastères concernés, mais en intégrant dans le récit la copie de plusieurs chartes[98].

La chronique de l'abbaye de Mortemer, écrite à l'extrême fin du XIIe siècle ou juste après[99], l'histoire de Fontaine-les-Blanches, écrite entre 1200 et 1211[100], ou la chronique de l'abbaye de Signy, dont la version conservée date du milieu du XIIIe siècle mais en utilisant sans doute des éléments du XIIe siècle[101] commencent chacune par un récit de la fondation, avant de devenir des *gesta abbatum*. Il en va de même pour l'histoire de la fondation de Fountains par Hugues de Kirkstall, datant de 1207-1211 et appuyée, semble-t-il, sur les souvenirs du très vieux moine Serlon, qui aurait connu la fondation de l'abbaye 80 ans plus tôt ; mais ce dernier texte tranche, par rapport aux autres, par sa longueur et par la profusion de détails qu'il donne sur le processus de fondation[102].

96. B. M. KIENZLE, « The Works of Hugo Francigena ». Même constat de J. FRANCE, « Cistercian Foundation », à propos de la Scandinavie.

97. *Chronicon Valassense ;* traduction par Jacques Le Maho et Alexis Grélois dans A. AVENEL, éd., *Le Valasse*, t. 1, p. 14-26.

98. PHILIPPE DE BYLAND, *Historice fundaciones*.

99. *Chronicon Mortuimaris*, éd. J. BOUVET, « Le récit de la fondation de Mortemer ». Sur cette édition, voir Ph. GALLAGHER, « The Cistercian Church at Mortemer ».

100. PEREGRINUS, *Historia monasterii Beatae Mariae de Fontanis Albis*, éd. SALMON, *Recueil de chroniques*, p. 257-291.

101. *Chronicon Signiacense*, éd. L. DELISLE, « Manuscrits légués ».

102. HUGUES DE FOUNTAINS, *Narratio de fundatione monasterii de Fontibus*, éd. J. R. WALBRAN, *Memorials of the abbey*.

La *Fundatio* est donc très différente : Foulques de Cambrai y parle surtout de vie quotidienne, de gestion abbatiale, des individus qui composaient la communauté monastique, de l'activité du *scriptorium*, de la liturgie… Ce texte occupe donc une place tourt à fait particulière dans le petit ensemble des textes historiographiques cisterciens du XIIe siècle.

La présente édition

Cette édition a été faite sur la base du manuscrit *C*, le seul manuscrit complet. Quelques erreurs ont été corrigées de manière plus ou moins catégorique, mais ces corrections ont bien sûr toujours été signalées. On a respecté l'usage des chiffres arabes, tel qu'il a été fait par la copiste de *C*, bien que cet usage soit bien entendu anachronique pour le XIIe siècle. Les variantes du manuscrit *B* sont indiquées, sauf les variantes orthographiques (elles l'ont toutefois été quand elles portent sur des toponymes).

La numérotation en paragraphes est de mon fait, comme les titres en italiques.

Les chiffres entre crochets droits correspondent à l'indication des pages et des folios dans le manuscrit *C*. Celui-ci a reçu une foliotation continue et une pagination propre à la partie correspondant au *Compendium* de Gaspard de Soif.

ABRÉVIATIONS

AASS	*Acta Sanctorum*
BHL	*Bibliotheca hagiographica latina antiquae et mediae aetatis*, 2 vol., Bruxelles, 1898-1901 ; v. aussi le *Supplementum* d'Henryk FROS, Bruxelles, 1986.
B. M.	Bibliothèque Municipale, Médiathèque Municipale
Chartes	TOCK (Benoît-Michel), *Les chartes de l'abbaye cistercienne de Vaucelles au XIIe siècle*, Turnhout, 2010 (Artem).
CCCM	*Corpus Christianorum. Continuatio Mediaevalis*
CCSL	*Corpus Christianorum. Series Latina*
CPG	Mauritius GEERARD, *Clavis patrum graecorum*, t. 1, Turnhout, 1983.
CPL	ELIGIUS DEKKERS, *Clavis Patrum Latinorum*, 3e éd., Steenbrugge, 1995 (CCSL)
CSEL	*Corpus Scriptorum Ecclesiasticorum latinorum*
DHGE	*Dictionnaire d'Histoire et de Géographie Ecclésiastiques*
GC	*Gallia Christiana*
MGH SS	*Monumenta Germaniae Historica. Scriptores in folio*
PL	*Patrologia latina*

SOURCES MANUSCRITES

Bruxelles, Bibliothèque Royale Albert Ier

ms. 8990-8991 : Foulques de Cambrai (?), *Fundatio abbatiae de Valcellis* (extraits), XVIIe s.

ms. 12274 : Richard Moreno, *Histoire des abbez de Vaucelles*, XVIIIe s.

Cambrai, Médiathèque Municipale

ms. 829 : nécrologe du Saint-Sépulcre de Cambrai, XIIe s.

ms. 861 : nécrologe du Saint-Sépulcre de Cambrai, XIIIe s.

ms. 862 : Foulques de Cambrai (?), *De sanctis ecclesiae Cameracensis*, XIIe s.

ms. 975 : *Compendium super abbatum Valcellensium gestis* (y compris Foulques de Cambrai, *Fundatio abbatiae de Valcellis*), XVIIIe s.

ms. 1149 : inventaire des archives de l'abbaye de Vaucelles, XVIIIe s.

Copenhague, Kongelige Bibliotek

Thott 520 kvartt : Foulques de Cambrai (?), *De sanctis ecclesiae Cameracensis*, XIIe s.

Douai, Bibliothèque Municipale

ms. 799 : chroniques d'Eusèbe de Césarée, Prosper d'Aquitaine et Sigebert de Gembloux, XIIe s.

Lille, Arch. dép. Nord

8 H 261 : chronique anonyme de l'abbaye du Cateau-Cambrésis, XVIIe s.

Londres, British Library

ms. Harley 2902 : livre du chapitre de l'abbaye de Vaucelles, XIIe-XIIIe s.

Paris, Bibl. nat. de France

ms. fr. 14415 : *Histoire de l'abbaye de Vaucelles*, XVIIe s.
ms. lat. 9973 : cartulaire de l'abbaye de Beaupré, XIIIe s.
ms. lat. 11073 : cartulaire de l'abbaye de Vauclair, XIIe s.
ms. lat. 18373 : cartulaire de l'abbaye de Foigny, XIIe s.
coll. Moreau, t. 89 : copies de chartes, XVIIIe s.
coll. Picardie, t. 288 : chartes originales de l'abbaye de Bohéries
coll. Picardie, t. 289 : chartes originales de l'abbaye de Foigny

SOURCES IMPRIMÉES

AELRED DE RIEVAULX, *Speculum caritatis*, éd. C. H. TALBOT, Turnhout, 1971 (*CCCM* 1), p. 3-161.

ALGER DE LIÈGE, *De sacramento corporis et sanguinis Domini*, éd. *PL*, t. 180, col. 739-854.

AMBROISE DE MILAN, *Hexaemeron*, éd. Carolus SCHENKL, Prague-Vienne-Leipzig, 1896 (*CSEL* 32, 1, p. 1-261).

AUGUSTIN D'HIPPONE, *De genesi ad litteram*, éd. Josephus ZYCHA, Prague-Vienne-Leipzig, 1894 (*CSEL* 28 1, p. 1-435).

AUGUSTIN D'HIPPONE, *De opere monachorum*, éd. Josephus ZYCHA, Prague-Vienne-Leipzig, 1900 (*CSEL* 41, p. 529-596).

AUGUSTIN D'HIPPONE, *De peccatorum meritis et remissione et de baptismo parvulorum*, éd. Carolus F. URBA et Josephus ZYCHA, Vienne-Leipzig, 1913 (*CSEL* 60, p. 1-151).

AUGUSTIN D'HIPPONE, *De symbolo et caetera quae in eodem volumine continentur praeter paucos sermones*, éd. R. Vander Plaetse, Turnhout, 1969 (*CCSL* 46), p. 179-199.

AUGUSTIN D'HIPPONE, *De vera religione*, éd. Klaus-Detlef DAUR, Turnhout, 1962 (*CCSL* 32, p. 187-260).

AUGUSTIN D'HIPPONE, *In epistolam Joannis ad Parthos tractatus*, éd. William MOUNTAIN, trad. française Jeanne LEMOUZY, introd. et notes Daniel DIDEBERG, Paris, 2008 (Bibliothèque augustinienne, 9e série, 76).

AUGUSTIN D'HIPPONE, *Lettres*, éd. Al. GOLDBACHER, *S. Aureli Augustini operum sectio II. S. Augustini epistulae*, Vienne, 1904.

AUGUSTIN D'HIPPONE, *Super 32 ultimos psalmos*, éd. Eligius DEKKERS et Jean FRAIPONT, Turnhout, 1956 (*CCSL* 38-40 ; au t. 40, p. 1776-2196).

PS. BASILE DE CÉSARÉE, *Regula*, éd. Klaus ZELZER, Vienne, 1986 (*CSEL* 86).

BÈDE LE VÉNÉRABLE, *Historia ecclesiastica gentis Anglorum*, éd. Michael LAPIDGE, trad. Pierre MONAT et Philippe ROBIN, introd. André CRÉPIN, 2 vol., Paris, 2005 (*SC* 489, 490).

BÈDE LE VÉNÉRABLE, *De tabernaculo*, éd. D. HURST, Turnhout, 1969 (*CCSL* 119A, p. 1-139).

BÈDE LE VÉNÉRABLE, *De templo Salomonis*, éd. D. HURST, Turnhout, 1969 (*CCSL* 119A, p. 141-234).

BÈDE LE VÉNÉRABLE, *Super actus apostolorum*, éd. M. L. W. LAISTNER, Turnhout, 1983 (*CCSL* 121, p. 1-99).

BÈDE LE VÉNÉRABLE, *Super epistolas canonicas*, éd. D. Hurst, Turnhout, 1983 (*CCSL* 121, p. 179-342).

BÈDE LE VÉNÉRABLE, *Super Tobiam*, éd. D. HURST, Turnhout, 1983 (*CCSL* 119B, p. 1-19).

BENOÎT DE NURSIE, *Regula*, éd. trad. Adalbert DE VOGÜÉ et Jean NEUFVILLE, 6 vol., Paris, 1972 (*SC* 181-186).

BERNARD DE CLAIRVAUX, *Epistolae*, éd. LECLERCQ et ROCHAIS, *Sancti Bernardi Opera*, t. 7 et 8, Rome, 1974-1977.

BERNARD DE CLAIRVAUX, *Sermo in obitu domini Humberti*, éd. LECLERCQ et ROCHAIS, *Sancti Bernardi opera*, t. 5, Rome, 1968, p. 440-447.

BERNARD DE CLAIRVAUX, *Sermones in festivitate Omnium Sanctorum*, éd. LECLERCQ et ROCHAIS, *Sancti Bernardi opera*, t. 5, Rome, 1968, p. 327-370.

BERNARD DE CLAIRVAUX, *Vita sancti Malachiae*, éd. LECLERCQ et ROCHAIS, *Sancti Bernardi opera*, t. 3, Rome, 1963, p. 307-378.

CHOISSELET, Danièle et Placide VERNET, éd., *Les Ecclesiastica Officia cisterciens du* XII*e siècle. Texte latin selon les manuscrits édités de Trente 1711, Ljubljana 31 et Dijon 114, version française…*, Reiningue, 1989.

Chronicon Mortuimaris, éd. Jean BOUVET, « Le récit de la fondation de Mortemer », dans *Collectanea ordinis Cisterciensium reformatorum*, t. 22, 1960, p. 149-168.

Chronicon Signiacense, éd. Léopold DELISLE, « Manuscrits légués à la Bibliothèque nationale par Armand Durand », dans *Bibliothèque de l'École des Chartes*, t. 55, 1894, p. 627-660.

Chronicon Valassense, éd. F. SOMMÉNIL, Rouen, 1868.

CONRAD DE SCHEYERN, *Catalogi*, éd. Ph. JAFFÉ, *MGH SS*, t. XVII, p. 624-629.

Continuatio Aquicinctina [à la chronique de Sigebert de Gembloux], éd. Ludwig C. BETHMANN, *MGH SS*, t. VI, p. 405-438.

Continuatio Valcellensis [à la chronique de Sigebert de Gembloux], éd. Ludwig C. BETHMANN, *MGH SS*, t. VI, p. 458-460.

DE SMET, J.-J., *Cartulaire de l'abbaye de Cambron*, 2 vol., Bruxelles, 1869 (Monuments pour servir à l'histoire des provinces de Namur, de Hainaut et de Luxembourg, 2).

Dicta sancti Ephrem, éd. J. S. ASSEMANI, *Ephraemy Syri opera omnia*, t. 3, Rome, 1746, p. 581-585.

Epistola Symmachi, éd. A. THIEL, *Epistulae Romanorum pontificum*, t. 1, Braunsberg, 1868, p. 641-734.

FLORUS DE LYON, *Expositio in epistolas beati Pauli ex operibus s. Augustini*, éd. Pierre-Irénée Fransen *et al.*, Turnhout, 2011 (*CCCM* 220B).

FLORUS DE LYON, *Expositio in epistolas beati Pauli ex operibus s. Augustini*, dans *PL*, t. 119, col. 279-420.

FOULQUES DE CAMBRAI, *De sanctis ecclesiae Cameracensis*, éd. A. HOFMEISTER, dans *MGH SS*, t. 30-2, Hanovre, 1934, p. 867-868.

GABRIEL, Astrik L. et Gray C. BOYCE, *Liber receptorum nationis Alemanniae ab anno MCCCCXXV ad annum MCCCCXCIV*, Paris, 1964 (Auctarium Chartularii universitatis Parisiensis, 6).

GUESNON (Adolphe), « Le cartulaire de l'évêché d'Arras. Manuscrit du XIIe siècle avec des additions successives jusqu'au milieu du XIVe siècle », dans *Mémoires de l'Académie des Sciences, Lettres et Arts d'Arras*, 32 (1902), p. 165-323.

GUILLAUME DE SAINT-THIERRY, *Vita prima sancti Bernardi Claraevallis abbatis*, éd. Paul VERDEYEN, Turnhout, 2011 (*CCCM* 89B).

GERZAGUET, Jean-Pierre, *Les chartes de l'abbaye d'Anchin (1079-1201)*, Turnhout, 2005 (Artem).

GRÉGOIRE LE GRAND, *Dialogus*, éd. Adalbert DE VOGÜÉ, 3 vol., Paris, 1978-1980 (*SC* 251, 260, 265).

GRÉGOIRE LE GRAND, *Moralia in Job*, éd. Marc ADRIAEN, Turnhout, 1979-1985 (*CCSL* 143-143B).

HAIMON D'AUXERRE, *Super tres priores epistolas Pauli*, éd. *PL*, t. 117, col. 361-938.

Historia monasterii Beatae Mariae de Fontanis Albis, éd. SALMON, *Recueil de chroniques de Touraine*, Tours, 1854, p. 257-291.

HONORIUS AUGUSTODUNENSIS, *Expositio super cantica canticorum*, éd. *PL*, t. 172, col. 347-496.

HUGO FRANCIGENA, *Tractatus de conversione Pontii de Laracio* éd. Beverly M. KIENZLE, « The Works of Hugo Francigena : Tractatus de conversione Pontii de Laracio et exordia Salvaniensis monasterii vera narratio ; epistolae (Dijon, Bibliothèque Municipale, ms. 611) », dans *Sacris Erudiri*, t. 34, 1994, p. 273-311.

HUGUES DE FOUNTAINS, *Narratio de fundatione monasterii de Fontibus*, éd. John Richard WALBRAN, *Memorials of the abbey of St. Mary of Fountains,* Durham, 1863 (The Publications of the Surtees Society, 42).

HUGUES DE SAINT-VICTOR, *De arca Noe morali*, éd. Patrice SICARD, Turnhout, 2001 (*CCCM* 176), p. 3-117.

HUGUES DE SAINT-VICTOR, *De sacramentis*, éd. *PL*, t. 176, col. 173-618.

HUGUES DE SAINT-VICTOR, *De vanitate rerum mundanarum*, éd. Cédric GIRAUD, Turnhout, 2015 (CCCM 269).

HUGUES DE SAINT-VICTOR, *Libellus de formatione arche*, éd. Patrice SICARD, Turnhout, 2001 (*CCCM* 176 et 176A).

ISIDORE DE SÉVILLE, *Etymologiae*, éd. W. M. LINDSAY, Oxford, 1911.

ISIDORE DE SÉVILLE, *Mysticorum expositiones sacramentorum seu quaestiones in vetus testamentum*, éd. *PL*, t. 83, col. 207-424.

ISIDORE DE SÉVILLE, *Synonyma de lamentatione animae peccatricis*, éd. *PL*, t. 83, col. 827-868.

JEAN CASSIEN, *Collationes patrum*, éd. Michael PETSCHENIG, 2e éd., Vienne, 2004 (*CSEL* 13).

JEAN CASSIEN, *De institutis coenobiorum*, éd. M. PETSCHENIG, Prague, Vienne et Leipzig, 1888 (*CSEL* 17).

JÉRÔME, *Commentarii in Esaiam*, éd. Marc ADRIAEN, 2 vol., Turnhout, 1963 (*CCSL* 73 et 73A).

JÉRÔME, *Commentarii in prophetas*, éd. Marc ADRIAEN, 2 vol., Turnhout, 1969-1970 (*CCSL* 76 et 76A).

JÉRÔME, *Commentarii in Danielem*, éd. Franciscus GLORIE, 2 vol., Turnhout, 1964 (*CCSL* 75A).

LAMBERT DE WATTRELOS, *Annales Cameracenses*, éd. *MGH SS*, t. XVI, Hanovre, 1859, p. 509-554.

LÉON LE GRAND, *Sermones*, éd. Antoine CHAVASSE, Turnhout, 1973 (*CCSL* 138-138a).

LÉON LE GRAND, *Lettres*, éd. *PL*, t. 54, col. 593-1218.

MOREAU, Édouard DE, *Chartes du XIIe siècle de l'abbaye de Villers-en-Brabant*, Louvain, 1905.

NÉLIS Hubert, « Études de diplomatique médiévale I. Examen critique de chartes et bulles apocryphes de l'abbaye de Saint-Ghislain (965-1145) », *Analectes pour servir à l'histoire ecclésiastique de la Belgique*, 33 (1907), p. 73-107 et 227-274.

ORIGÈNE, *In canticum canticorum homeliae II*, éd. W. A. BAEHRENS, *Origenes Werke*, t. 8, Leipzig, 1925 (Die griechischen christlichen Schriftsteller der ersten drei Jahrhunderte, 33), p. 27-60.

ORIGÈNE, *Libri decem in canticum canticorum*, éd. W. A. BAEHRENS, *Origenes Werke*, Leipzig, t. 8, 1925 (Die griechischen christlichen Schriftsteller der ersten drei Jahrhunderte, 33), p. 61-241.

ORIGÈNE, *Commentarii in Matthaeum*, éd. E. Klostermann et E. Benz, *Origenes Werke*, t. 11, Leipzig, 1933 (Die griechischen christlichen Schriftsteller der ersten drei Jahrhunderte, 33).

PHILIPPE DE BYLAND, *Historice fundaciones abbatiarum de Bellalanda et Jorevallis*, éd. trad. Janet BURTON, *The Foundation history of the Abbeys of Byland and Jervaulx*, York, 2006 (Borthwick Texts and Studies, 35).

RABAN MAUR, *Super libros regum*, éd. *PL*, t. 109, col. 8-280.

RAMACKERS, Johannes, *Papsturkunden in den Niederlanden (Belgien, Luxemburg, Holland und Französisch-Flandern)*, Berlin, 1934.

RICHARD DE SAINT-VICTOR, *De eruditione interioris hominis*, éd. *PL*, t. 196, col. 1229-1366.

RICHARD DE SAINT-VICTOR, *De exterminatione mali et promotione boni*, éd. *PL*, t. 196, col. 1073-1116.

SAMARAN Charles et Emile VAN MOË, *Liber procuratorum nationis Alemanniae ab anno MCCCCLXVI ad annum MCCCCXCII*, Paris, 1935 (Auctarium Chartularii universitatis Parisiensis, 3).

SAMARAN Charles et Emile VAN MOË, *Liber procuratorum nationis Picardiae ab anno MCCCCLXXVI ad annum MCCCCLXXXIV*, Paris, 1938 (Auctarium Chartularii universitatis Parisiensis, 4).

SAMARAN Charles et Emile VAN MOË, *Liber procuratorum nationis Gallicanae ab anno MCCCCXLIII ad annum MCCCCLVI*, Paris, 1942 (Auctarium Chartularii universitatis Parisiensis, 5).

Sancti Anselmi Cantuariensis archiepiscopi Opera omnia, éd. Franciscus S. SCHMITT, 6 vol., Edimbourg, 1946-1961.

Sancti Bernardi Opera, éd. Jean LECLERCQ et Henri ROCHAIS, 8 vol., Rome, 1957-1977.

SCHILLINGS, A., *Matricule de l'Université de Louvain, t. 2 : 31 août 1453-31 août 1485. Introduction, bibliographie et tables*, Bruxelles, 1954 ; *Matricule de l'Université de Louvain, t. 3 : 31 août 1485-31 août 1527*, 2 vol., Bruxelles, 1958-1962.

SCHMIDT, Paul Gerhard, « Die Vision von Vaucelles (1195/1196) », *Mittellateinisches Jahrbuch*, t. 20, 1985, p. 155-163.

SMARAGDE DE SAINT-MIHIEL, *Diadema monachorum*, éd. *PL*, t. 102, col. 593-690.

SULPICE SÉVÈRE, *Vita sancti Martini*, éd. trad. Jacques FONTAINE, 2 vol., Paris, 1967-1969 (*SC* 133-135).

SURIUS, Laurentius, *De probatis sanctorum vitis tam ex manuscriptis codicibus quam ex editis authoribus, … primum edidit et in duodecim mensibus distribuit*, 12 t. en 6 vol., Cologne, 1617-1618.

THIERRY DE DEUTZ, *Chronicon*, éd. O. HOLDER-EGGER, *MGH SS*, t. XIV, p. 560-566.

TOCK, Benoît-Michel, *Les chartes de l'abbaye cistercienne de Vaucelles au XIIe siècle*, Turnhout, 2010 (Artem).

TOCK, Benoît-Michel, *Les chartes des évêques d'Arras (1093-1203)*, Paris, 1991.

TOCK, Benoît-Michel et Ludo MILIS, *Monumenta Arroasiensia*, Turnhout, 2000 (*CCCM* 175).

ULRICH, *Consuetudines cluniacenses*, éd. *PL*, t. 149, col. 635-778.

VAN DE PUTTE, Fernand, *Chronica abbatum monasterii de Dunis*, Bruges, 1839.

Vita prima sancti Bernardi Claraevallensis abbatis, éd. Paul VERDEYEN, Turnhout, 2011 (*CCCM* 89B).

Vita Fulgentii Ruspensis, éd. G.-G. LAPEYRE, *Vie de saint Fulgence de Ruspe*, Paris, 1929.

WADDELL, Chrysogonus, *Narrative and legislative texts from Early Citeaux*, s. l, 1999 (Cîteaux, Commentarii cistercienses. Studia et documenta, 9).

WADDELL, Chrysogonus, *Twelfth-Century Statutes from the Cistercian General Chapter*, Brecht, 2002 (Cîteaux : Commentarii Cistercienses. Studia et Documenta, 12)

WILS, Jos, *Matricule de l'Université de Louvain, t. 2 : 31 août 1453 - 31 août 1485*, Bruxelles, 1946.

BIBLIOGRAPHIE

ARNALDI, Mario, « Le ore “benedettine” e l’orologio solare medievale dell’abbazia dell’Acquafredda », dans *Gnomonica italiana. Rivista di storia, arte, cultura e tecniche degli orologi solari*, 3, 8 (2005) 28-35.

AVENEL, Alain et al., éd., *Le Valasse, t. 1 : l’abbaye cistercienne Notre-Dame du Vœu XIIe-XVIIIe siècles, le château XIXe-XXe siècles*, Rouen, 2009.

BARON, Françoise, *Les églises de Vaucelles*, dans *Cîteaux*, 11 (1960), p. 196-208.

BARON, Françoise, « Histoire architecturale de l’abbaye de Vaucelles », *Cîteaux in de Nederlanden*, 9 (1958), p. 276-285.

BÉDAGUE, Jean-Charles, *Ecclesia alterius conditionis. La collégiale Notre-Dame de Saint-Omer jusqu’à la fin du XIIIe siècle. Histoire et archives*, 2 vol., thèse E.P.H.E., 2014.

BENZ, Karl Josef, « Zu Geschichte und Deutung des Ritus der Grundsteinlegung im hohen Mittelalter », dans *Archiv für mittelrheinische Kirchengeschichte*, t. 32, 1980, p. 9-25.

BERGER, Rupert, « *Fistula* », dans *Lexikon für Theologie und Kirche*, 3e éd., t. 3, Fribourg, 1995, col. 1312.

BREDERO, Adriaan H., *Bernard de Clairvaux. Culte et histoire. De l’impénétrabilité d’une biographie hagiographique*, Turnhout, 1998 (éd. orig. : *Bernardus van Clairvaux (1091-1153) tussen cultus en historie : de ontoegangelijkheid van een hagiographisch levensverhaal*, Kampen, 1993).

BROUETTE, Émile, « La date du décès de Milon Ier, évêque de Thérouanne », dans *Bulletin trimestriel de la société académique des antiquaires de la Morinie*, 21 (1970), p. 335-340.

BROUETTE, Émile, Anselme DIMIER et Eugène MANNING, *Dictionnaire des auteurs cisterciens*, 2 vol., Rochefort, 1975-1979.

BRUYELLE, A., « Notice sur l'ancienne ville de Crèvecoeur et l'abbaye de Vaucelles », dans *Mémoires de la société d'émulation de Cambrai*, t. 20, 1847, p. 311-374.

BRUZELIUS, Caroline Astrid, *L'apogée de l'art gothique : l'église abbatiale de Longpont et l'architecture cistercienne au début du XIIIe siècle*, Cîteaux, 1990 (Cîteaux. Commentarii Cistercienses. Textes et Documents, 2).

BULTEAU, Marcel Joseph, « Étude historique et archéologique sur les abbayes d'Honnecourt et de Vaucelles », dans *Bulletin de la Commission historique du Nord*, t. 16, 1883, p. 1-110.

BURTON, Janet, *The monastic order in Yorkshire, 1069-1215*, Cambridge, 1999.

CALLEWAERT, C., « La *Continuatio Valcellensis* de la chronique de Sigebert de Gembloux, Fragments et mots », *Annales de la Société d'Émulation de Bruges* (1905) 385-392.

CANGE, Charles DU FRESNE, SEIGNEUR DU, *Glossarium mediae et infimae latinitatis*, 10 vol., Niort, 1883-1887 (éd. orig. 3 vol., Paris, 1678).

CARPENTIER, D. P., *Glossarium novum ad scriptores medii aevi cum latinos tum gallicos, seu supplementum ad auctiorem glossarii Cangiani editionem*, 4 vol., Paris, 1766.

CARRÉ, J. B. E., *Histoire du monastère de Notre-Dame d'Igny, de l'ordre de Cîteaux, au diocèse de Reims*, Reims, 1884.

CHAZAN, Mireille, *L'Empire et l'histoire universelle, de Sigebert de Gembloux à Jean de Saint-Victor (XIIe – XIVe siècle)*, Paris, 1999.

CHEVALIER, Ulysse, *Repertorium hymnologicum. Catalogue des chants, hymnes, proses, séquences, tropes en usage dans l'Église latine depuis les origines jusqu'à nos jours*, 5 vol., Louvain, puis Bruxelles, 1892-1921.

COLKER, Marvin L., « The *Liber Altarium* and *Liber Sepulchrorum* of Clairvaux », dans *Sacris Erudiri*, t. 41, 2002, p. 391-466.

DEMOUY, Patrick, *Genèse d'une cathédrale. Les archevêques de Reims et leur Église aux XIe et XIIe siècles*, Langres, 2005.

DEMPSTER, Thomas, *Historia ecclesiastica gentis Scottorum, sive de scriptoribus scotis*, Bologne, 1627 ; 2e éd., t. 2, Edimbourg, 1829.

DEPREUX, Philippe, « Der Petrusstab als Legitimationsmittel. Zu Kommunikation, Erinnerungskultur und Autorität im Mittelalter », dans *Geschichtsvorstellungen. Bilder, Texte und Begriffe aus dem Mittelalter. Festschrift für Hans-Werner Goetz zum 65. Geburtstag*, éd. Steffen PATZOLD, Anja RATHMANN-LUTZ et Volker SCIOR, Cologne, 2012, p. 412-430.

DESHUSSES, Jean, *Le sacramentaire grégorien. Ses principales formes d'après les plus anciens manuscrits*, 3 vol., Fribourg, 1971-1982.

DIMIER, Anselme, *La rénovation de l'abbaye de Vaucelles*, dans *Archeologia*, 55 (1973), p. 53-58.

DOLBEAU, François, « Nouvelles recherches sur les manuscrits des anciens Bollandistes », dans *Analecta Bollandiana*, t. 129, 2011, p. 395-457.

DOLBEAU, François, « Nouvelles recherches sur le *Legendarium Flandrense* », dans *Recherches augustiniennes*, 16 (1981), p. 399-455.

DUBOIS, Marie-Gérard, « L'eucharistie à Cîteaux au milieu du XIIe siècle », dans *Collectanea Cisterciensia*, t. 67, 2005, p. 266-286.

DUCHESNE, Louis, « Saint Martial de Limoges », dans *Annales du Midi*, t. 4, 1892, p. 289-330.

DUVAL-ARNOULD, Louis, « Les dernières années du comte lépreux Raoul de Vermandois (v. 1147 – 1167…) et la dévolution de ses provinces à Philippe d'Alsace », dans *Bibliothèque de l'École des Chartes*, t. 142, 1984, p. 81-92.

DUVIVIER, Charles, *Recherches sur le Hainaut ancien (pagus Hainoensis) du VIIe au XIIe siècle*, Bruxelles, 1865.

FORNASARI, G., *Celibato sacerdotale e « autocoscienza » ecclesiale. Per la storia della « nicolaitica haeresis » nell'occidente medievale*, Udine, 1981.

FRANCE, James, « Cistercian Foundation Narratives in Scandinavia in their wider context », *Cîteaux. Commentarii Cistercienses*, 43 (1992), p. 119-160.

FREEMAN, Elizabeth, *Narratives of a New Order. Cistercian Historical Writing in England, 1150-1220*, Turnhout, 2002 (Medieval Church Studies, 2).

GALLAGHER, Philip, « The Cistercian Church at Mortemer : a reassessment of its chronology and possible sources », dans *Studies in Cistercian Art and Architecture*, 1, éd. Meredith P. LILLICH, Kalamazoo, 1982 (Cistercian Studies, 66), p. 53-70.

Gallia Christiana in provincias ecclesiasticas distributa, t. III, Paris, 1725 ; t. IX et X, Paris, 1751.

GAMS, Pius Bonifacius, *Series episcoporum ecclesiae catholicae*, Ratisbonne, 1873.

GAZEAU, Véronique, *Normannia monastica. Prosopographie des abbés bénédictins (X^e-XIIe siècle)*, 2 vol., Caen, 2007.

GERZAGUET, Jean-Pierre, *L'abbaye d'Anchin de sa fondation (1079) au XIVe siècle. Essor, vie et rayonnement d'une grande communauté bénédictine*, Villeneuve d'Ascq, 1997.

GROSS-MORGEN, Markus, « Fächer, liturgischer », dans *Lexikon für Theologie und Kirche*, 3e éd., t. 3, Fribourg, 1995, col. 1150.

HALL, Jackie, « The Legislative Background to the Burial of Laity and other Patrons in Cistercian Abbeys », dans *Cîteaux. Commentarii Cistercienses*, t. 56, 2005, p. 363-372.

HALL, Jackie, Shelagh SNEDDON et Nadine SOHR, « Table of Legislation concerning the Burial of Laity and other Patrons in Cistercian Abbeys », dans *Cîteaux. Commentarii Cistercienses*, t. 56, 2005, p. 373-418.

HANQUIEZ, Delphine, *Vaucelles, ancienne abbaye : les parties médiévales*, dans *Congrès archéologique de France, 169e session, 2011 : Lille, le Nord et Tournai*, Paris, 2013, p. 237-246.

HEMPTINNE, Thérèse DE et Michel PARISSE, « Thierry d'Alsace, comte de Flandre. Biographie et actes », *Annales de l'Est*, 5e série, t. 43 (1991), p. 83-113.

HENRIQUEZ, Chrysostomus, *Fasciculus sanctorum ordinis Cisterciensis*, t. 2, Bruxelles, 1623.

HENRIQUEZ, Chrysostomus, *Menologium Cistertiense notationibus illustratum*, Anvers, s.d.

HISCOCK, Nigel, *The two Cistercian Plans of Villard de Honnecourt*, dans KINDER (Terry N.), *Perspectives for an Architecture of Solitude : Essays on Cistercians Art and Architecture in Honour of Peter Ferguson*, Turnhout, 2004, p. 157-172.

HOFMEISTER, Philipp, « Die Dauer des Noviziates », dans *Archiv für katholisches Kirchenrecht*, t. 129, 1959-1960, p. 486-496.

HOLDSWORTH, Christopher, *The Affiliation of Savigny*, dans *Truth as Gift. Studies in Medieval Cistercian History in Honor of John R. Sommerfeldt*, éd. Marsha L. DUTTON, Kalamazoo, 2004, p. 43-88.

IOGNA-PRAT, Dominique, *La Maison Dieu. Une histoire monumentale de l'Église au Moyen Âge*, Paris, 2006.

JANAUSCHEK, Leopold, *Originum Cisterciensium tomus 1 (solus editus)*, Vienne, 1877.

JØRGENSEN, Ellen, *Catalogus codicum latinorum Medii Aevi bibliothecae regiae Hafniensis*, Copenhague, 1926.

KNOWLES, David, C. N. L. BROOKE et Vera LONDON, *The Heads of Religious Houses in England and Wales, I : 940-1216*, 2e éd., Cambridge, 2001.

KURMANN, Peter, *Die Zisterziensier und die Kathedrale*, dans *Zisterzienser. Norm, Kultur, Reform. 900 Jahre Zisterzienser*, éd. Ulrich KNEFELKAMP, Berlin, 2001, p. 267-286.

LANDES, Richard et Catherine PAUPERT, *Naissance d'apôtre. La vie de saint Martial de Limoges. Un apocryphe de l'an mil*, Turnhout, 1991.

LEBECQ, Stéphane, « Autour de la fondation de l'abbaye cistercienne de Vaucelles. La charte de confirmation de l'évêque Liétard de Cambrai (1133), dans *Revue belge de philologie et d'histoire*, t. 89, 2011, p. 439-453.

LEBECQ, Stéphane, « Les cisterciens de Vaucelles en Flandre maritime au XIIIe siècle », dans *Revue du Nord*, t. 54, 1972, p. 371-384.

LEBECQ, Stéphane, « Vignes et vins de Vaucelles : une esquisse », dans *L'économie cistercienne : géographie, mutations du Moyen Âge aux Temps Modernes [coll. Flaran, 1981]*, Auch, 1983, p. 197-206.

LEBECQ, Stéphane, « Vaucelles et la terre aux XIIe-XIIIe siècles. Contribution à l'histoire foncière des Cisterciens en Picardie du Nord », dans Élisabeth MORNET, éd., *Campagnes médiévales : l'homme et son espace. Études offertes à Robert Fossier*, Paris, 1995, p. 563-572.

LE CARPENTIER, Jean, *Histoire généalogique des Païs-Bas ou Histoire de Cambray et du Cambrésis*, t. 2, Leyde, 1664.

LECLERCQ (Henri), « *Flabellum* », dans *Dictionnaire d'Archéologie chrétienne et de Liturgie*, t. V-2, Paris, 1923, col. 1610-1626.

LE NAIN, Pierre, *Essai sur l'histoire de l'ordre de Cîteaux*, t. 7 (livres 13 et 14), Paris, 1697.

LOCRIUS, Ferreolus, *Chronicon Belgicum ab anno CCLVIII ad annum usque MDC continuo perductum*, 3 vol., Arras, 1616.

LOUD, Graham A., « The Kingdom of Sicily and the Kingdom of England, 1066-1266 », *History. The Journal of the Historical Association*, 88 (2003), p. 540-567.

MÉHU, Didier, « *Historiae* et *Imagines* de la consécration de l'église au Moyen Âge », dans Id., *Mises en scène*, p. 15-48.

MÉHU, Didier, éd., *Mises en scène et mémoires de la consécration de l'église dans l'Occident médiéval*, Turnhout, 2007 (Collection d'Études Médiévales de Nice, 7).

MEYER-GEBEL, Marlene, *Bischofsabsetzungen in der deutschen Reichskirche vom Wormser Konkordat (1122) bis zum Ausbruch des Alexandrinischen Schismas (1159)*, Siegburg, 1992.

MIRAEUS, Aubertus, *Chronicon Cisterciensis ordinis*, Cologne, 1614.

MIRAEUS, Aubertus, *Notitia ecclesiarum Belgii*, Anvers, 1630.

MOLINIER, Auguste, *Catalogue général des manuscrits des bibliothèques publiques de France. Départements. Cambrai*, Paris, 1891.

MOURAIRE, Emmanuel, « Les autels et les reliques de l'abbatiale de Cîteaux », dans *Bulletin du Centre d'études médiévales d'Auxerres | BUCEMA* [En ligne], Hors-série n° 4 | 2011, mis en ligne le 14 juin 2011, consulté le 4 janvier 2015. URL : http://cem.revues.org/11799 ; DOI : 10.4000/cem.11799.

Novum glossarium mediae latinitatis ab anno DCCC usque ad annum MCC, Copenhague, 1957-

OP DE BEECK, Bart, « La bibliothèque des Bollandistes à la fin de l'Ancien Régime », dans *De Rosweyde aux Acta Sanctorum. La recherche hagiographique des Bollandistes à travers quatre siècles [Actes coll. Bruxelles 2007]*, éd. Robert GODDING et al., Bruxelles, 2009 (Subsidia hagiographica, 88), p. 149-284.

PYCKE, Jacques, *Le chapitre cathédral de Tournai de la fin du XI*[e] *à la fin du XIII*[e] *siècle. Son organisation, sa vie, ses membres*, Louvain-la-Neuve, 1986.

RAISSE, Arnoldus DE, *Ad Natales sanctorum Belgii Ioannis Molani auctarium*, Douai, 1626.

ROBERTUS, Claudius, *Gallia Christiana in qua regni Franciae ditionumque vicinarum dioeceses et in iis praesules describuntur*, Paris, 1626.

ROBINSON, David M., *The Cistercians in Wales. Architecture and Archaeology, 1130-1540*, Londres, 2006.

ROZOIR, Charles DU, « Notice sur les historiens de Flandre », *Mémoires de la Société d'Émulation de Cambrai*, [11] (1826-1827), p. 15-125.

SCHWENNICKE, Detlev, *Europäische Stammtafeln. Neue Folge*, t. I-2, Francfort, 1999 ; t. III-4, Marbourg, 1989 ; t. 13, Marbourg, 1990.

STRUBBE, Egied et Léon VOET, *De chronologie van de Middeleeuwen en de Moderne Tijden in de Nederlanden*, Bruxelles, 1960, p. 306.

Thesaurus Proverbiorum Medii Aevi. Lexikon der Sprichwörter des romanisch-germanischen Mittelalters, éd. Samuel SINGER et al., t. 2, Berlin et New York, 1996.

TOCK, Benoît-Michel, « Des araignées et des mouches dans les calices au Moyen Âge », dans *Poux, puces et punaises. La vermine de l'homme. Découverte, descriptions et traitements. Antiquité, Moyen Âge, Époque moderne*, dir. Franck COLLARD et Evelyne SAMAMA, Paris, 2015, p. 313-325.

TOCK, Benoît-Michel, « Les fondations anglaise et galloise de l'abbaye de Vaucelles », dans *Revue du Nord*, 93 (2011), p. 795-814.

TOCK, Benoît-Michel, « Le *scriptorium* et la bibliothèque de l'abbaye de Vaucelles au XIIe siècle », à paraître dans les actes du colloque *Les Cisterciens et la transmission des textes, XIIe-XVIIIe siècles* (22-24 novembre 2012, Médiathèque du Grand Troyes).

TOCK, Benoît-Michel et Ludo MILIS, *Monumenta Arroasiensia*, Turnhout, 2000 (Corpus Christianorum. Continuatio Mediaevalis, 175).

TRUAX, Jean, « *Miles Christi.* Count Theobald IV of Blois and Saint Bernard of Clairvaux », dans *Cistercian Studies Quarterly*, 44 (2009), p. 301-320.

VACANDARD, Elphège, *Vie de saint Bernard, abbé de Clairvaux*, 4e éd., 2 vol., Paris, 1910.

VAN BOCKSTAELE, G., « Abbaye de Saint-Adrien à Grammont », dans *Monasticon Belge*, t. 7, *Province de Flandre Orientale*, fasc. 2, Liège, 1977, p. 53-128

VAN DEN GHEYN, Joseph, *Catalogue des manuscrits de la Bibliothèque Royale de Belgique*, t. 6, Bruxelles, 1906.

VAN WERVEKE, H., *De middeleeuwse hongersnood*, Bruxelles, 1967.

WÜNSCHE, P., « *Quomodo ecclesia debeat dedicari*. Zur Feiergestalt der westlichen Kirchweihliturgie vom Frühmittelalter bis zum Nachtridentinischen Pontifikale von 1596 », dans *Das Haus Gottes, das seid ihr selbst. Mittelalterliches und barockes Kirchenverständnis im Spiegel der Kirchweihe*, éd. R. M. W. STAMMBERGER *et al.*, Berlin, 2006, p. 113-141.

Fundatio Abbatiae de Valcellis

Fundatio Abbatiae
de Valcellis

[f. 268r/p. 3]

[1] Anno incarnati Verbi millesimo centesimo trigesimo secundo[a], indictione decima[b], Innocentio papa secundo[c] sedi apostolicae praesidente, Lothario augusto aeque secundo Romanorum imperium gubernante[d], Ludouico Philippi regis filio in Francia, Henrico Willelmi regis filio in Anglia regnantibus, Raynaldo archiepiscopo Rhemensem[e], Liethardo Cameracensem ecclesiam[f] regentibus, Radulfo in Veromandia, Theoderico[g] in Flandria praesidatum agentibus, sub die 1^{a} kalendarum augustarum, quando uidelicet solemnitas beati Petri apostoli ad uincula celebratur, uenit conuentus monachorum cum abbate suo nomine Radulfo a Claraualle ad hunc locum qui uocatur Valcellae, quos adduxit beatae memoriae domnus Bernardus 1us abbas

a. Anno humanę salutis 1132° *B*.
b. *B ajoute ici* calendis augusti.
c. Innocentio papa secundo : Innocentio pontifice *B*.
d. *De* Lothario *à* gubernante : Lothario eius nomine secun<do> imperium gubernante *B*.
e. Remensem *B*.
f. ecclesiam *om. C*.
g. Frederico *C*.

1. Innocent II, pape (1130-1143).
2. Lothaire III, roi de Germanie à partir de 1125, empereur (1133-1137).
3. Philippe Ier, roi de France (1060-1108).

Fondation de l'abbaye de Vaucelles et chronique des abbés de Vaucelles

[Fondation de l'abbaye]

1. En l'an 1132 du Verbe incarné, 10e indiction, le pape Innocent II étant à la tête du siège apostolique[1], l'empereur Lothaire, également IIe du nom, gouvernant l'empire romain[2], Louis [VI], fils du roi Philippe[3], régnant en France[4] et Henri [Ier][5], fils du roi Guillaume[6], en Angleterre, Renaud dirigeant l'église de Reims[7] et Liétard celle de Cambrai[8], Raoul exerçant l'autorité comtale en Vermandois[9] et Thierry en Flandre[10], le 1er août, jour de la Saint-Pierre-aux-Liens, le chapitre des moines vint avec son abbé appelé Raoul, de Clairvaux à ce lieu qu'on appelle Vaucelles. Ils étaient conduits par le seigneur Bernard, premier abbé de Clairvaux[11], homme d'heureuse mémoire Mais en fait les moines

4. Louis VI, roi de France (1108-1137).

5. Henri Ier Beauclerc, roi d'Angleterre (1100-1135).

6. Guillaume le Conquérant, roi d'Angleterre (1066-1087).

7. Renaud, archevêque de Reims de 1124 à 1138 : voir Demouy, *Genèse d'une cathédrale*, p. 621-623.

8. Liétard, évêque de Cambrai (1130-1135). Sur ce personnage voir M. Meyer-Gebel, *Bischofsabsetzungen in der deutschen Reichskirche*, p. 156-169.

9. Raoul Ier, comte de Vermandois (1102-1152). Voir L. Duval-Arnould, « Les dernières années », p. 81.

10. Thierry d'Alsace, comte de Flandre de 1128 à 1168 : Th. de Hemptinne et M. Parisse, « Thierry d'Alsace ».

11. La présence de Bernard de Clairvaux est confirmée par la lettre que celui-ci adressa à Simon d'Oisy : Bernard

Claraeuallensis coenobii. Septimo autem kalendas augusti designati fuerant monachi et abbas electus, in qua uidelicet die abbatia proprie dicitur esse facta.

[2] Occurrerunt autem eis ad eumdem locum fundatores istius coenobii et eos cum magno gaudio susceperunt : Hugo scilicet[a] uir illustris castellanus Cameracensis et honorabilis conjux illius nomine Heldiardis, et filius eorum Simon cum sororibus suis[b] Clementia, Mathilde, Ermengarde, Adelina[c] atque Maria. Isti multique alii inter quos[d] Radulfus de Rumelly[e] et Ada uxor ejus, Gerardus de Busignies maritus praefatae Ermengardis et Aegidius filius eorum[f], Huno quoque de Hunnecurt[g] et Walterus filius ejus, sed et Robertus Lupus de Bantusiel[h], prae omnibus autem excellentius et affectuosius dominus Nicolaus Cameracensis episcopus, suprascripti episcopi Liethardi depositi successor, locum istud amare, honorare atque manutenere et de suis etiam possessionibus quidam illorum ditare studuerunt, sicut in chartis hujus monasterii potest reperiri[i].

[3][j] [f. 268v/p. 4] Eodem uero anno quo facta est haec abbatia, duae quoque aliae in quadragesima sub una

a. scilicet : uidelicet *B*.
b. *B ajoute ici* uidelicet.
c. Mathildis, Ermengardis, Adeluia *B*.
d. *De* isti *à* quos : aliqui non pauci quorum famatissimi *B*.
e. Rummely *B*.
f. *De* maritus *à* eorum : prefate Ermengardis maritus, Egidius illorum filius *B*.
g. Hantecourt *B*.
h. Bantousel *B*.
i. *de* autem excellentius *à* reperiri : uero singulari cum quodam affectu dominus Nicolaus predicti Liethardi in Cameracensi episcopatu successor, insuper clerici ac nobiles quamplurimi abbatem ac conuentum lęte ac beneuolo animo exceperunt *B*.
j. *en B, l'ensemble du paragraphe est :* Valcellensis autem abbatia in ordine abbatiarum Valcellensi *(sic)* monasterio

avaient été désignés, et l'abbé élu, le 26 juillet, et c'est pour cela qu'on dit qu'au sens propre l'abbaye a été fondée ce jour-là.

2. Les fondateurs du monastère vinrent à leur rencontre en ce lieu et les accueillirent avec grande joie. Il s'agissait d'Hugues, homme de grande noblesse, châtelain de Cambrai[12], et de son honorable épouse Heldiarde, avec leur fils Simon et les sœurs de celui-ci, Clémence, Mathilde, Ermengarde, Adeline et Marie. Tous ceux-ci, et beaucoup d'autres, parmi lesquels Raoul de Rumilly et son épouse Ade, Gérard de Busigny, mari de la susdite Ermengarde, et leur fils Gilles, Hunon d'Honnecourt et son fils Gautier, Robert le Loup de Bantouzelle[13], et celui qui les dépassait tous en excellence et en affection, le seigneur Nicolas, évêque de Cambrai[14], successeur de l'évêque Liétard qui avait été déposé, tous eurent soin d'aimer ce lieu, de l'honorer, de le défendre et de l'enrichir en lui donnant quelques-unes de leurs possessions, comme on peut le voir dans les chartes de ce monastère.

3. La même année où cette abbaye fut fondée, deux autres furent fondées le même jour, durant le Carême : Rievaulx[15] et Longpont[16]. L'abbaye de Vaucelles, dans

DE CLAIRVAUX, lettre 186, éd. *Sancti Bernardi Opera*, t. 8, p. 8 : *Quam nunc caritatem in eo vel primum cupio experiri, si Ligecurtem, quam mihi pater tuus praesenti contulit ad opus illius monasterii, tu quoque concesseris, et donum patris tui non feceris irritum.*

12. Sur les châtelains de Cambrai, seigneurs d'Oisy, cf. D. SCHWENNICKE, *Europäische Stammtafeln*, t. 13, n° 99A.

13. Sur ces personnages, voir l'introduction, p. XXII-XXIII.

14. Nicolas, évêque de Cambrai (1136-1167).

15. Sur la fondation de Rievaulx le 5 mars 1132 voir J. BURTON, *The monastic order*, p. 101.

16. La date exacte de fondation de l'abbaye est incertaine : le 3 ou le 5 mars 1131 ou 1132. C. A. BRUZELIUS, *L'apogée de l'art gothique*, p. 28, suppose, sans doute à juste titre, une arrivée des moines en 1131 et la constitution juridique en abbaye

die fuerant factae, hoc est Riaeuallis atque Longipontis. Valcellensis autem abbatia in ordine quidem abbatiarum Claraeuallensi monasterio subjectarum, quae sunt plus quam 160 priusquam Sauigniacenses ordini nostro se reddidissent, habebatur undecima, uerum in ordine uniuersarum totius Cisterciensis ordinis reperitur quadragesima.

[4] Sed libet de uita et doctrina patris nostri Radulfi aliquid breuiter summatimque memoriae commendare, ut sciant posteri nostri quale religionis in hoc monasterio fundamentum ab eo positum fuerit[a]. Igitur domnus Radulfus 1[us] abbas coenobii hujus, natione fuit Anglicus, ortus in uilla quae uocatur Merstona, in episcopatu Lincolniensi, juxta Bedefordiam sita. Qui, praeter alia quae in mobilibus possidebat, unam habens ecclesiam[b] rebus hujus saeculi non solum sufficienter, uerum etiam abundanter more saecularium fruebatur. In his uero eo constituto[c], causa extitit qua in Apuliam proficisceretur. Cumque repatriaret, hospitandi non conuersionis gratia diuertit in Claramuallem. Nam, sicut ipse fatebatur, nulla ei tunc[d] inerat uoluntas in Claraualle[e] remanendi. Verum ubi a religiosis uiris uerbum pariter et exemplum aeternae salutis accepit, continuo ab illo qui *ubi uult spirat* (Jn, 3, 8) inspiratus, mundum et cuncta quae in mundo uel[f] habebat uel habere poterat[g] relinquere et Christum

subiectarum quae sunt centum et sexaginta habetur undecima, et in ordine totius ordinis Cisterciensis reperitur quadragesima.

a. *De* ut sciant *à* fuerit, *om. B*.

b. unam habens ecclesiam : parochus siue pastor cuiusdam ecclesiae erat *B*.

c. constito *C*.

d. tunc ei *B*.

e. Claramuallem *C*.

f. uel *om. B*.

g. uel habere poterat *om. B*.

l'ordre des abbayes soumises au monastère de Clairvaux (elles étaient au nombre de plus de 160 avant que celles de Savigny se soient intégrées à notre ordre)[17], est considérée comme la onzième, mais elle est la quarantième dans l'ordre de celles de tout l'ordre de Cîteaux[18].

[L'abbé Raoul]

4. Il me plaît de confier à la mémoire, brièvement et en résumé, quelques éléments sur la vie et la doctrine de notre père Raoul, pour que nos successeurs sachent quelles fondations il avait données à la vie religieuse dans notre monastère. Le seigneur Raoul, premier abbé de Vaucelles, était Anglais, né dans la ville de Marston, dans le diocèse de Lincoln, près de Bedford. Outre d'autres biens mobiliers, il avait une église, et comme les séculiers il jouissait donc des biens de ce monde non seulement en suffisance, mais même avec abondance. Alors que telle était sa vie, il dut aller dans les Pouilles[19], et au retour il passa par Clairvaux pour y loger, non en vue de se convertir. Car, comme il le disait lui-même, il n'avait alors pas la moindre intention de rester à Clairvaux. Mais lorsque les religieux de ce monastère lui donné à la fois la parole et l'exemple du salut éternel, aussitôt, inspiré par celui qui souffle où il le veut,

en 1132. La *Fundatio* suggère que la date du 5 mars 1132 est la bonne.

17. Sur l'affiliation de Savigny à Cîteaux en 1147, voir Chr. HOLDSWORTH, « The Affiliation of Savigny ».

18. L. JANAUSCHEK, *Originum Cisterciensium*, p. 24-25, considère Vaucelles comme la 58e abbaye cistercienne, 13e fondation de Clairvaux.

19. Sur les relations entre l'Angleterre et le sud de l'Italie, voir G. A. LOUD, « The Kingdom of Sicily », qui montre des liens constants entre l'Angleterre et l'Italie normandes, mais une intensification de ces liens à partir des années 1130. Raoul est entré à Clairvaux vers avril/mai 1131, au retour des Pouilles, donc sans doute sans lien avec ce mouvement.

sequi deliberauit, recepturus procul dubio juxta ipsius promissum *centies tantum in praesenti cum persecutionibus et in futuro uitam aeternam* (Mc, 10, 30)[a]. Quid plura ? Anno in cella nouitiorum exacto, post tres menses ex quo habitum monachi susceperat[b], Deo disponente, electus est ad regendum et construendum locum istum. Quod uidelicet officium humiliter suscipiens, diligenter et[c] fideliter amministrauit[d] et feliciter consummauit. Nam sobrie et[e] pie et juste uiuendo per annos 19[f] et 5 menses huic coenobio cum omni sollicitudine interius et exterius praefuit.

[5] Testimonium quoque bonum habuit intus et foris ab omnibus qui eum nosse potuerunt. [f. 269r/p. 5] Non solum autem ipse, sed et ista[g] ecclesia quam regebat odore bonae opinionis etiam in longinquis regionibus innotuit. Hinc est quod successor illius uir uenerabilis Ricuardus coram quibusdam fratribus de illo sermocinantibus tale illi testimonium perhibuit, dicens quod in tali statu domus ista consistit, hoc est quod religione, pace atque bona opinione florescit, hoc procul dubio abbas Radulfus omnimodis facere curauit et fecit. Supradictus uir Domini Bernardus, sicut a duobus praefatis patribus accepimus, ampliorem fructum de ista domo quam de aliis sibi subjectis oriturum esse dicebat[h].

a. *De* recepturus *à* aeternam *om. B*.
b. *B ajoute :* post professionem.
c. suscepit et diligenter ac *B*.
d. amministrauit *C ;* ministrauit *B*.
e. et : imo *B*.
f. per annos 19 : nouem decem *B*.
g. ipsa *B*.
h. *De* Hinc est *à* dicebat : De qua loquens sanctus Bernardus dixit suis fratribus « ampliorem fructum de ista domo quam de aliis mihi subjectis oriturum esse spero » *B*.

il décida d'abandonner le monde et tout ce qu'il pouvait avoir en ce monde et de suivre le Christ, certain que, selon la promesse de ce dernier, il recevrait cent fois autant dans la vie présente, malgré les persécutions, et que dans le futur il recevrait la vie éternelle. Que dire de plus ? Il passa une année dans le monastère des novices[20], puis, trois mois après avoir reçu l'habit monastique, selon la volonté de Dieu, il fut élu pour diriger et construire ce monastère. Il reçut cette charge avec humilité, la géra avec diligence et fidélité, et la mena à terme avec succès. En effet, en vivant sobrement, pieusement et dans la justice il gouverna ce monastère pendant 19 ans et cinq mois, accordant toute sa sollicitude au spirituel et au temporel.

5. Tous ceux qui purent le connaître rendirent à son sujet un bon témoignage, aussi bien à l'intérieur qu'à l'extérieur du monastère. Lui-même, et l'église qu'il gouvernait, se signalèrent par une bonne réputation jusque dans des régions éloignées. D'ailleurs son successeur, le vénérable Richard, lui donna devant plusieurs frères qui parlaient de lui le témoignage suivant. Il dit que l'état dans lequel cette maison se trouvait, c'est-à-dire la vie religieuse, la paix et la bonne opinion qui fleurissaient en elle, c'était sans aucun doute l'abbé Raoul qui avait cherché à l'établir et qui l'avait établi. Quant à l'homme du Seigneur Bernard, comme nous l'avons appris de la bouche des deux pères en question, il disait qu'un fruit plus grand naîtrait de cette maison que des autres qui lui étaient soumises.

20. Saint Benoît (*Regula*, § 58) avait fixé la durée du noviciat à un an, durée reprise évidemment par les Cisterciens mais pas par les Clunisiens : HOFMEISTER, « Die Dauer des Noviziates », p. 487-488.

[6][a] Tempore autem Innocentii papae secundi aedificare coepit ecclesiam loci hujus. Sed priusquam fundamenta jactarentur, congregato conuentu monachorum, perrexit illuc praeeunte aqua benedicta et cruce dominica. Quo cum peruenissemus, ipse loca fundamentorum aspergebat aqua benedicta, nobis interim per circuitum psalmos cantantibus. Quando autem uel a quibus personis ecclesia dedicata, quibus altaribus decorata, quibusue reliquiis insignita fuerit, licet alibi descripserimus, tamen in hoc opere, si Dominus uoluerit, in loco opportuno designabimus.

[7][b] Duas etiam grangias construxit, unam in paroechia Cameracensi, 7 milliariis a coenobio distantem, quam prius Bellummontem, postea Balduiniuallem nominauit ; alteram uero in paroechia Nouiomensi quae uocatur Pesieres, duabus tantum leucis ab abbatia semotam. Sane, exceptis nouitiis et monachis peregrinis qui priusquam facerent professionem recesserunt, 107 monachos professos sub suo regimine habuit et tres nouitios quos successor illius monachos fecit. Horum omnium nomina et officia, quia omnes praeter pau-

a. *Paragraphe non copié dans le ms. B.*
b. *Paragraphe non copié dans le ms. B.*

21. La construction de l'église, consacrée en 1149, a donc commencé au plut tôt en 1135 (Foulques de Cambrai y était présent) et au plus tard en 1143 (pontificat d'Innocent II).

22. Sur le rite de la pose de la première pierre v. IOGNA-PRAT, *La Maison Dieu*, p. 539-574. Les récits dont on peut disposer pour les XIe-XIIe siècles mentionnent en effet l'aspersion d'eau bénite et le chant du psaume 83. Voir aussi BENZ, « Zu Geschichte und Deutung ».

23. Sur les consécrations d'églises voir D. MÉHU, « *Historiae et imagines* », p. 17-18 ; D. IOGNA-PRAT, *La Maison Dieu ;* P. WÜNSCHE (P.), « *Quomodo ecclesia debeat dedicari* ».

6. Raoul commença à construire l'église de ce monastère au temps du pape Innocent II[21]. Mais avant que l'on pose les fondations, il rassembla la communauté des moines, et y vint en se faisant précéder par l'eau bénite et la croix du Seigneur. Lorsque nous fûmes arrivés à cet endroit, il aspergea lui-même l'emplacement des fondations avec de l'eau bénite, pendant que nous chantions des psaumes en en faisant le tour[22]. La date de la dédicace, les personnalités qui intervinrent à cette occasion, les autels qui embellirent l'église, les reliques qui l'enrichirent[23] : nous indiquerons tout cela dans ce livre à l'endroit opportun, si Dieu le veut, bien que nous l'ayons écrit ailleurs[24].

7. L'abbé Raoul construisit deux granges. L'une dans le diocèse de Cambrai, distante du monastère de sept milles ; il l'appela d'abord Beaumont, ensuite Baudival[25] ; l'autre dans le diocèse de Noyon, appelée Pésières, éloignée de deux lieues seulement de l'abbaye[26].

24. Foulques de Cambrai avait donc déjà écrit un récit de la consécration de l'église de Vaucelles. Cf. Introduction, p. XVIII.

25. Une grange est attestée à Beaumont en 1139 (Charte donnée par l'abbaye du Cateau-Cambrésis, *Chartes*, n° 8, p. 67 : *grangie Bellimontis*), mais c'est la seule mention de ce lieu dans l'ensemble des chartes du XIIe siècle. Dès l'année précédente cependant, des frères de Vaucelles étaient basés à Baudival, à quelques kilomètres au sud du Cateau-Cambrésis (Charte de Nicolas, évêque de Cambrai, *Chartes*, n° 4, p. 61-62 : *fratribus in Balduinivalle manentibus*). Il faut cependant attendre 1189 pour voir Baudival qualifiée de *curia* (Charte de Philippe, comte de Flandre, *Chartes*, n° 115, p. 186 : *fratribus curie Valcellensis que Balduinivallis nuncupata est*), le mot *grangia* n'apparaissant jamais à son sujet dans les chartes du XIIe siècle. La *Fundatio* la situe à sept milles de l'abbaye : à vol d'oiseau la distance est tout de même de 22 km.

26. Si la première mention de biens à Pésières date de 1139, donc elle aussi des débuts de l'histoire de l'abbaye (Charte de Simon, évêque de Noyon-Tournai, *Chartes*, n° 5, p. 62-64 : *terram que dicitur Peisieres* ...), ce n'est qu'en 1162 qu'il est question d'une grange (Charte de Simon, abbé d'Eaucourt,

cos oculis nostris uidimus, ad notitiam futurorum scripto commendare infra curabimus.

[8][a] Praeterea, duo loca abbatiarum causa trans mare Anglicum, unum scilicet qui uocatur Russoc situm in episcopatu Herefordiensi, hoc est in confinio Angliae et Waliae, alium uero qui uocatur Trauagar, situm in ipsa Walia, hoc est in episcopatu Sancti Derui.

[9][b] In horum primo successor illius [f. 269v/p. 6], 8° mense depositionis ejus, duxit conuentum, constituto illis abbate uocabulo Joanne tunc temporis loci hujus priore.

[10][c] Porro alium locum sub ditione Claraeuallensis abbatis constituit. Qui et eodem anno unum ex monachis suis nomine Iuonem fratribus nostris in praefato loco consistentibus abbatem praefecit. Qui, cum pauco tempore locum rexisset, reuersus Claramuallem, abbatis officio renunciauit. Tunc uero abbas Robertus, sancti Bernardi successor, fratrem et cantorem nostrum nomine Walterum, quia natione Walensis erat, cum consensu

a. *Paragraphe non copié dans le ms. B.*
b. *Paragraphe non copié dans le ms. B.*
c. *Paragraphe non copié dans le ms. B.*

Chartes, n° 32, p. 95-96 : *pro decima cujusdam fundi pertinentis ad territorium de Piseriis, que est grangia ęcclesię de Valcellis*. On notera l'ambiguïté du texte : le pronom relatif *que* ne peut, grammaticalement, renvoyer qu'à *decima*, mais on peut supposer que c'est plutôt à *territorium* qu'il renvoie. Voir aussi, avec la même formulation, les confirmations données la même année par l'archevêque de Reims Henri et l'évêque de Noyon Baudouin : *Chartes*, n° 35 et 36, p. 98-100). Pésières est située par la *Fundatio* à deux lieues de distance de l'abbaye : elle en est en réalité distante d'une dizaine de kilomètres à vol d'oiseau.

Si on ne tient pas compte des novices et des moines étrangers qui sont partis avant de faire profession, il eut sous son gouvernement 107 moines profès et trois novices que son successeur fit moines. Nous aurons soin de mettre par écrit ci-dessous, pour qu'ils soient connus à l'avenir, les noms et les charges de tous ceux-là, parce que nous les avons presque tous vus de nos propres yeux.

[La fondation d'abbayes en Angleterre et au Pays de Galles]

8. En outre, il fut à l'origine de deux abbayes de l'autre côté de la mer anglaise. L'une est celle de Rushock, située dans le diocèse d'Hereford, c'est-à-dire aux confins de l'Angleterre et du pays de Galles[27]. L'autre est celle de Treffgarn, dans le pays de Galles lui-même, dans le diocèse de Saint David's[28].

9. À Rushock, ce fut son successeur, huit mois après sa mort, qui conduisit la communauté et y institua comme abbé Jean, qui était alors prieur de Vaucelles.

10. Quant à l'autre abbaye, il la plaça sous l'autorité de l'abbé de Clairvaux[29]. Celui-ci, cette même année, mit comme abbé à la tête de nos frères qui étaient établis là-bas l'un de ses moines appelé Yves. Mais ce dernier, alors qu'il ne gouvernait pas ce monastère depuis longtemps, rentra à Clairvaux et renonça à sa charge d'abbé. Alors l'abbé Robert, successeur de saint Bernard[30], y envoya,

27. Sur l'abbaye de Rushock, voir Tock, « Les fondations anglaise et galloise ».

28. L'abbaye de Treffgarn a ensuite été transférée à Whitland. Voir D. M. Robinson, *The Cistercians in Wales*, p. 294-297, et Tock, « Les fondations anglaise et galloise ».

29. Comme le montre la suite du texte, l'abbé de Clairvaux dont il s'agit est bien Bernard.

30. Robert, abbé de Clairvaux de 1153 à 1157 : J.-M. Canivez, dans *DHGE*, 12, col. 1053.

Ricuardi Valcellensis abbatis illuc transmisit[a]. Qui, consentientibus monachis, curam domus suscipiens cum paucis annis praefuisset, regis Anglorum hac de causa iram incurrit. Dum rex contra Walenses pugnaret, die quadam abbas rogauit regem ut secum secreto in sylua componendae pacis gratia loqui dignaretur ; quod cum rex annuisset et cum abbate colloquium haberet, ecce Walenses e saltu inopinate prorumpentes magno regem timore concusserunt. Namque dolum abbatis suique interitum arbitratus festinanter aufugit. Quapropter abbas neque per se neque per alium regis gratiam amplius recuperare ualens ut in eodem loco remanere posset, profectus Claramuallem, deinde Cistercium regiminis onus deposuit. Factaque professione sub abbate Fastredo, qui Roberto successerat, post parenthesis modicum temporis, aliud coenobium in Hispania suscepit regendum. Quod cum fratres de Blancalanda, jam enim de Trauagar siue Receuet, ad illum locum in quo et nunc consistunt migrauerant, elegerunt priorem suum in abbatem nomine Cononem, uirum utique bonis moribus praeditum, prudentem atque modestum, qui et unus fuerat ex fratribus nostris. Sub cujus regimine coepit locus ille interius et exterius florere et fructum facere.

[11][b] Crescente namque interius numero fratrum, exterius uero possessionum, unam fundauit abbatiam in loco qui uocatur *Vallis Florida*, siue *Stratum Floridum*. Cui uidelicet abbatiae praelatus est frater noster, uir religiosus nomine Enoc. Iste uero locus in praefata Sancti Deui paroechia situs

a. *C en marge :* Reuerendus abbas Moreno haec ad marginem originalis manuscripti proprio calamo junxit : « Nota : ex tunc mortuum sanctum Bernardum et sic tertium nostrum abbatem non fuisse ab eo huc adductum uel missum ». Addam ego : « Nicolaus igitur tertius abbas fuit a conuentu Valcellensi electus et quidem primus abbas electus a fratribus de Valcellis ».

b. *Paragraphe non copié dans le ms. B.*

avec le consentement de notre abbé Richard, notre frère et chantre Gautier, parce qu'il était Gallois. Celui-ci prit la charge de cette maison avec le consentement des moines. Mais après quelques années de gouvernement, il provoqua la colère du roi d'Angleterre[31] pour la raison suivante. Alors que le roi était en guerre avec les Gallois, l'abbé lui demanda un jour d'accepter de parler avec lui en secret, dans la forêt, pour rétablir la paix. Le roi l'accepta, mais au cours de cet entretien avec l'abbé, des Gallois surgirent subitement de la forêt. Le roi, effrayé, s'enfuit en toute hâte, pensant que l'abbé l'avait trompé et voulait sa mort. C'est pour cela que l'abbé, ne parvenant plus ensuite à retrouver la grâce du roi, ni par lui-même ni par l'intermédiaire de quelqu'un d'autre, et ne pouvant rester en ce lieu, partit à Clairvaux, puis à Cîteaux, et y déposa sa charge. Ayant fait profession sous l'abbé Fastré[32], qui avait succédé à Robert, il prit un peu plus tard le gouvernement d'un monastère en Espagne. Les frères de Whitland, c'est-à-dire à l'époque Treffgarn ou *Recevet*, après avoir migré vers l'endroit où ils sont maintenant, élurent comme abbé leur prieur, Conon, un homme plein de bonnes mœurs, sage et modeste, qui était l'un de nos frères[33]. Sous son gouvernement, ce lieu commença à fleurir et à fructifier au spirituel et au temporel.

11. Comme en effet le nombre des frères grandissait à l'intérieur, et à l'extérieur la quantité des possessions, il fonda une abbaye dans un lieu appelé *Val fleuri* ou *Route fleurie*[34]. Un de nos frères, un homme religieux appelé Enoc, fut mis à

31. Vu la date, il ne peut s'agir que d'Henri II (1154-1189).

32. Fastré, abbé de Clairvaux de 1157 à 1161 : J.-M. CANIVEZ, dans *DHGE*, 12, col. 1053).

33. Conon ou Conan, abbé de Whitland (... 1164-1176) : cf. TOCK, « Les fondations anglaise et galloise », p. 801-802. KNOWLES et al., *The Heads of Religious Houses*, p. 147.

34. Sur l'abbaye de Strata Florida, voir D. M. ROBINSON, *The Cistercians in Wales*, p. 267-274.

esse dignoscitur, distans a coenobio Blancelande itinere diei unius. Cono autem pater [f. 270r/p. 7] amabilis, dum hanc genuisset abbatiam, uerbum dixit dulci memoria dignum : « Ecce, inquiens, mater nostra Valcellensis ecclesia unam habens neptem et auia existit ». Interea, praedicto abbati Enoc quadriennio nondum exacto 30 ferme monachos et 40 conuersos habenti oblatus est locus ad construendam aliam abbatiam monasticae religionis et quietis, ut aiunt, ualde aptus et ad inuenienda seu praeparanda temporalis uitae necessaria satis praestans. Hoc itaque modo, praecedente et cooperante Christi gratia, paulatim crescit grex ejus pusillus et de die in diem magis ac magis multiplicatur.

[12][a] Fratres autem ipsi non solum ii qui ex nobis illuc transmissi sunt, sed et illi qui per eos ad omnipotentis Dei seruitium conuersi sunt, sicut a saepefato patre Chonone accepimus, domum Valcellensem affectuose diligunt, et cum de illa loqui audiunt, exhilarato corde cum amore suspirant, dicentes « A, a, Valcelle ! » Sciunt enim, et ut boni filii memoriter recolunt, quia quidquid boni siue in spiritualibus, siue in corporalibus, habere uidentur, totum hoc nimirum a Valcellensi domo sumpsit initium ; nec consilio, nec uoluntate Valcellensium factum esse ut ecclesia Blancelande disjungeretur ab ecclesia Valcellensi.

[13][b] Praeterea, nomina et officia monachorum sub abbate Radulfo in hoc Valcellensi coenobio Deo militantium ad notitiam futurorum sicut superius promisimus, hic

a. *Paragraphe non copié dans le ms. B.*
b. *Paragraphe non copié dans le ms. B.*

35. Sur Enoc, cité dans la liste des moines et donc entré à Vaucelles au plus tard en 1151, inconnu comme abbé de Strata Florida mais mentionné comme abbé de Strata Marcella, fille

la tête de cette abbaye[35]. Ce lieu se trouve dans le même diocèse de Saint David's, à une journée de route du monastère de Whitland. Conon, en père aimable, eut lorsqu'il enfanta cette abbaye ce mot qu'il est doux de rappeler : « Voici que notre mère, l'église de Vaucelles, a une petite-fille et est devenue grand-mère ! » L'abbé Enoc, alors qu'il n'avait pas encore terminé sa quatrième année d'abbatiat, avait déjà environ 30 moines et 40 convers. On lui offrit un lieu qu'on dit très bien adapté pour l'établissement d'une autre abbaye, pleine de vie régulière et de quiétude monastiques ; ce lieu offrait largement la possibilité de trouver ou d'aménager tout ce qu'il fallait pour la vie temporelle. Et c'est ainsi que, la grâce du Christ ouvrant la voie et donnant son aide, son petit troupeau grandit petit à petit et de jour en jour était davantage multiplié.

12. Ces frères, non seulement ceux qui y ont été envoyés par nous mais aussi ceux qui ont été convertis par eux au service du Dieu tout-puissant, aiment affectueusement la maison de Vaucelles (nous avons entendu le susdit frère Conon le dire), et lorsqu'ils entendent parler d'elle, ils soupirent avec amour, le cœur tout rejoui : « Ah, ah, Vaucelles ! ». Ils savent en effet, et en bons fils ils en conservent la mémoire, que tout le bien qu'ils peuvent avoir, dans les choses spirituelles ou les choses matérielles, tout cela a pris son commencement à Vaucelles, et que ce n'est ni sur le conseil, ni par la volonté des frères de Vaucelles que l'église de Whitland a été détachée de celle de Vaucelles.

[Annonce de la liste des moines entrés à Vaucelles durant l'abbatiat de Raoul]

13. Comme nous l'avons promis ci-dessus, nous voulons écrire aussi, pour que nos successeurs en aient connaissance, les noms et les charges des moines qui ont servi Dieu dans ce monastère de Vaucelles sous l'abbé

de Strata Florida, par Giraud le Cambrien, voir TOCK, « Les fondations anglaise et galloise », p. 802-803.

annotare uolumus. Verumtamen, nemo nobis indignetur si quorumdam siue in aliis coenobiis transmissorum, siue etiam de claustro ad saeculum reuersorum hic nomina reperit, sed meminisse dignetur in ueteri et nouo testamento, in ecclesiasticis quoque seu saecularibus historiis, malos cum bonis, pessimos cum optimis ob narrationis ordinem semper et ubique esse insertos. Nam ut de innumeris duo ponamus exempla : tali ex causa etiam Judam traditorem Domini cum beatis apostolis et Nicolaum haeresiarcham cum sanctis diaconibus scriptura sacra inserere curauit. Item legentes admonemus ne quis sancto patri nostro detrahere audeat, ne quis illum uituperare praesumat, dum quosdam sub ejus [f. 270v/p. 8] regimine constitutos ad uomitum reuersos (cf. Prov., 26, 11) esse cognouerit, sed meminerit propter unum uerbum a Domino Jesu prolatum ut beatus Augustinus in quodam sermone testatur pene septuaginta ab eo recessisse. Quod nimirum et ex euangelio inuenitur ubi dum uerax euangelista dixisset *ex hoc multi discipulorum ejus abierunt retro, et jam non cum illo ambulabant*, statim subjunxit *dixit ergo Jesus ad duodecim, numquid et uos uultis abire ?* (Jn, 6, 67). Nam, quod alibi ipse Dominus ad patrem in oratione loquens dicit *Quod dedisti michi custodiui et nemo ex his periit nisi filius perditionis* (Jn, 17, 12). Hoc procul dubio, ut praefatus doctor asserit, de solis duodecim apostolis loquebatur, ex quorumdam scilicet numero solus infoelix Judas periit.

36. Depuis Irénée de Lyon, on assimile l'« hérésiarque Nicolas », c'est-à-dire le fondateur inconnu de la secte des Nicolaïtes, citée dans l'Apocalypse (Apoc., 2, 6 et 15), avec Nicolas, cité dans les Actes des Apôtres comme un des diacres de l'Église primitive (Ac., 6, 5) ; noter cependant que tous les auteurs ne partagent pas cette identification (Clément d'Alexandrie, Eusèbe de Césarée, Thédoret de Cyr). A partir du pontificat de Léon IX, l'« hérésie nicolaïte » est l'expression couramment utilisée pour désigner le mariage des prêtres (p. 13-14. Voir G. Fornasari, *Celibato sacerdotale*.

Raoul. Cependant, que personne ne nous en veuille si figurent ici les noms de quelques personnes qui sont passées dans d'autres monastères, ou qui même ont quitté le cloître pour retourner au monde séculier. Mais qu'on veuille bien se rappeler que dans l'Ancien comme dans le Nouveau Testament, dans les histoires ecclésiastiques comme dans les histoires profanes, il y a toujours et partout, selon l'ordre de la narration, des mauvais mélangés avec des bons, des très mauvais avec des excellents. Parmi d'innombrables exemples, prenons-en deux : c'est pour cette raison que l'écriture sainte a pris soin d'intégrer Judas, le traître qui a livré le Seigneur, aux saints apôtres, et l'hérésiarque Nicolas aux saints diacres[36]. De même, nous avertissons nos lecteurs que personne n'ose reprocher à notre saint père, que personne n'ose le critiquer sous prétexte qu'il aurait appris que quelques-uns de ceux qui avaient été placés sous son gouvernement sont retournées vers leur vomi, mais qu'on se souvienne que saint Augustin dit dans un sermon que près de 70 personnes se sont éloignées de Jésus à cause d'un mot qu'il avait prononcé[37]. Et on trouve cela aussi dans l'Evangile, lorsque l'évangéliste, qui dit la vérité, ayant écrit « alors beaucoup parmi ses disciples s'en allèrent et ne marchèrent plus avec lui », ajouta aussitôt « Et Jésus dit aussi aux Douze 'Et vous, ne voulez-vous pas partir ?' ». Et le Seigneur dit cela aussi ailleurs, lorsqu'il s'adresse en priant à son père « J'ai gardé ce que tu m'as donné, et personne parmi eux n'a péri, si ce n'est le fils de perdition ». Et sans aucun doute, comme l'affirme ce même docteur, il parlait des douze apôtres, parmi lesquels seul le malheureux Judas a péri.

37. Ce n'est en fait pas dans un sermon qu'Augustin a écrit cela, mais dans son *In epistolam Joannis ad Parthos*, I, 12 (p. 96). Il mentionne également ce fait dans sa lettre 173, § 10 : AUGUSTIN D'HIPPONE, *Lettres*, éd. Al. GOLDBACHER, p. 647.

[14][a] Notandum autem ut dum quilibet duo uel tria seu plurima officia hic habuisse reperitur, nequaquam eadem officia simul tenuisse credatur, sed modo istud, modo illud pro praesidentis arbitrio administrasse sciatur.

[15][b]

Albericus prior.

Niuardus sacerdos, sancti Bernardi germanus, magister nouitiorum.

Willelmus, laicus, frater comitis Barrensis, portarius.

Wenredus, laicus de Basceia, magnus cellerarius.

Adam postea abbas Mortuimaris.

Philippus quoque abbas nescio unde.

Isti autem non fuerunt professi, sed ad tempus Radulfo abbati in auxilium concessi[c]. E quibus tres primi Claramuallem reuersi defuncti sunt ibi. Quartus uero pro quodam negotio Flandrias profectus, ubi peruenit in loco Brugias uocitatum, tactus infirmitate, illic est defunctus et in capitulo Sancti Donatiani sepultus.

[16][d]

Sequuntur professi :

1[us] Gerardus Cameracensis, filius Syluestri majoris, sacerdos, magister nouitiorum. Hic ab abbate Radulfo Claramuallem missus, ubi uenit in monasterium Longipontis ibi defunctus est.

[f. 271r/p. 9]

2[us] Warinus, sacerdos.

3[us] Warinus alius.

a. *Paragraphe non copié dans le ms. B.*

b. *Paragraphe non copié dans le ms. B.*

c. concessit *C.*

d. *Paragraphe non copié dans le ms. B.*

14. Il faut savoir aussi que lorsqu'on voit ici que quelqu'un a tenu deux ou trois charges, voire davantage, il ne faut pas croire qu'il les a tenues en même temps, mais d'abord une, puis une autre, selon la décision du supérieur.

15. [Les moines qui n'ont pas fait profession à Vaucelles]

1. Albéric, prieur.
2. Nivard, prêtre, frère de saint Bernard, maître des novices.
3. Guillaume, laïc, frère du comte de Bar[38], portier.
4. Wenredus, laïc, de La Bassée, grand cellérier.
5. Adam, par la suite abbé de Mortemer[39].

Philippe, également abbé, mais je ne sais pas où.

Ceux-ci ne firent pas profession [à Vaucelles], mais furent concédés pour un moment à l'abbé Raoul, pour lui venir en aide. Parmi eux les trois premiers retournèrent à Clairvaux et y moururent. Le quatrième, envoyé en Flandre pour une affaire, arriva à Bruges, tomba malade, mourut et est enterré dans le chapitre Saint-Donatien.

16. [Les moines venus de Clairvaux]

Suivent les profès

1. Gérard de Cambrai, fils du maire Silvestre, prêtre, maître des novices. Envoyé à Clairvaux par l'abbé Raoul, il mourut en arrivant au monastère de Longpont.
2. Garin, prêtre.
3. Un autre Garin.

38. Frère de Renaud Ier, comte de Bar[-le-Duc] (D. SCHWENNICKE, *Europäische Stammtafeln*, t. I-2, n° 226) ou de Gui, comte de Bar[-sur-Seine], lui-même frère de Renaud, 4e abbé de Cîteaux (1133/34-1150) : cf. BROUETTE et al., *Dictionnaire des auteurs cisterciens*, col. 591-592 ; D. SCHWENNICKE, *Europäische Stammtafeln*, t. 3-4, n° 681.

39. Adam, abbé de Mortemer (1138-1154 : *GC*, XI, 309).

4us Josbertus.

5us Joannes, sacerdos, succentor, postea sacrista.

6us Hugo, sacerdos, senex, fidelis subcellerarius, magister nouitiorum, monachorum et conuersorum confessor, et uaria diuersorum saepe officia compleuit, qui tempore Dauid hujus coenobii quarti abbatis in senectute bona defunctus est 8° idus octobris.

7us Petrus de Ramerue, sacerdos, magister nouitiorum et subprior, tempore Ricuardi abbatis 9° kalendas julii obiit.

8us Walterus, laicus, subcellerarius, infirmarius, sub Nicolao abbate 13° kalendas aprilis defunctus est.

9us Rainaldus, cantor.

10us Joannes cognomento Peuerel.

11us Nicolaus Rhemensis, sacerdos, sacrista, magister nouitiorum. Hic plurima in hoc scripsit monasterio, e quibus sunt ista : Augustinus *de symbolo* et caetera quae in eodem uolumine continentur praeter paucos sermones, *Exaemeron* Ambrosii et caetera ejusdem codicis, Isidorus *super uetus Testamentum*, Beda *super Tobiam*, Beda *de templo Salomonis* et caetera ejusdem codicis, duas partes *Moralium*, 4^{am} uidelicet et 5^{am}[a], Beda *de tabernaculo*, Beda *super actus apostolorum*, Beda *super epistolas canonicas*, *epistola* Symmachi, *glosa in prouerbiis Salomonis et Ecclesiastici*, *Collectaneum*. Notauit quoque antiphonaria et gradalia sed et alia multa in diuersis codicibus, modo hoc, modo illud,

a. 4^{a} uidelicet et 5^{a} *C*.

40. Augustin d'Hippone, *De symbolo ; CPL* 309. Les références aux éditions courantes des textes cités par Foulques se trouvent dans la liste des sources, p. XLIII – XLIX.

41. Ambroise de Milan, *Exaemeron ; CPL* 123.

42. Isidore de Séville, *Mysticorum expositiones sacramentorum seu quaestiones in vetus testamentum ; CPL* 1195.

43. Bède le Vénérable, *Super Tobiam ; CPL* 1350.

4. Josbertus.

5. Jean, prêtre, sous-chantre, ensuite sacristain.

6. Hugues, prêtre, âgé, fidèle sous-cellérier, maître des novices, confesseur des moines et des convers, remplit souvent diverses autres charges. Il mourut un 8 octobre, dans une belle vieillesse, au temps de David, quatrième abbé de ce monastère.

7. Pierre de *Ramerue*, prêtre, maître des novices et sous-prieur ; il mourut un 23 juin au temps de l'abbé Richard.

8. Gautier, laïc, sous-cellérier, infirmier, mourut sous l'abbé Nicolas un 20 mars.

9. Renaud, chantre.

10. Jean *Peverel*.

11. Nicolas de Reims, prêtre, sacristain, maître des novices. Il écrivit de nombreuses choses dans ce monastère, dont : le *De symbolo* d'Augustin[40] et tout ce qui se trouve dans le même manuscrit sauf quelques sermons ; l'*Exaemeron* d'Ambroise[41] et tout ce qui est dans le même manuscrit, le commentaire d'Isidore sur l'Ancien Testament[42], le commentaire de Bède sur Tobie[43], le *Temple de Salomon* de Bède[44] et les autres textes du même manuscrit, deux parties des *Moralia*[45], c'est-à-dire la 4e et la 5e, le *de tabernaculo* de Bède[46], le commentaire de Bède sur les Actes des Apôtres[47], le commentaire de Bède sur les épîtres canoniques[48], la lettre de Symmaque[49], la glose sur les proverbes de Salomon et sur l'Ecclésiastique, le *Collectaneum*. Il mit aussi une notatiuon musicale sur des antiphonaires

44. Bède le Vénérable, *De templo Salomonis ; CPL* 1348.

45. Grégoire le Grand, *Moralia in Job ; CPL* 1708.

46. Bède le Vénérable, *De tabernaculo ; CPL* 1345.

47. Bède le Vénérable, *Super actus apostolorum ; CPL* 1357.

48. Bède le Vénérable, *Super epistolas canonicas ; CPL* 1362.

49. *Epistola Symmachi ; CPL* 1678.

pro jubentis arbitrio scripsit[a]. Nouissime autem in officio subprioris constitutus tempore Ricuardi abbatis 3° nonas januarii defunctus migrauit ad Christum cum quo uiuat in aeternum[b]. [f. 271v/p. 10]

12[us] Gerardus, laicus, subcellerarius, deinde cellerarius sub Nicolao 3° idus maii obiit.

13[us] Ingelrannus, sacerdos. Hic scripsit Florum *super secundas epistolas ad Corinthios*, *Septem* quoque *collationes trium patrum, Cheremonis scilicet et aliorum*, *Smaragdum* etiam qui *Diadema dicitur monachorum* et quaedam alia.

[17][c] Isti sunt monachi qui uenerunt a Claraualle ; sequentes uero de saeculo, uel de ordine alio uenerunt.

1[us] Joannes de Oisy, sacerdos. Hic primus omnium hujus coenobii nouitiorum, sacrista fuit, deinde cantor. Scripsit etiam Augustinum *super 32 ultimos psalmos* et Augustinum *de uera religione*, Haimonem *super tres priores epistolas Pauli*, tria Salomonis uolumina absque glosa, Lucam etiam et partem Marci absque glosa et nonnulla alia.

2[us] Manasses de Creuequer, laicus.

a. sumpsit *C*.

b. Ad marginem manuscripti codicis haec manu propria exarauit abbas Moreno : « Quomodo scriptor hujus chronici dicit se conuixisse pluribus ex his, et tamen hic narrat nomina omnium et seipsum non nominat ? Mentionem autem facit hujus Nicolai mortis, tamquam sub 2° abbate defuncti, quod subsistere non potest ». Addit « hic locus delendus » et reuera cruciauit. Sed in notis infra haec, ut spero, sufficienter et accomode explicabimus, *C*.

c. *Paragraphe non copié dans le ms. B.*

50. Florus de Lyon, *Commentaire aux épîtres aux Corinthiens*, qui représente une partie de son *Expositio in epistolas beati Pauli ex operibus s. Augustini*. Le commentaire à la 2e épître aux Corinthiens est édité par Pierre-Irénée Fransen *et al.* ; le commentaire à la 1e épître est annoncé prochainement.

51. Jean Cassien, *Decem collationes patrum ; CPL* 512.

et des graduels et il écrivit beaucoup d'autres textes dans d'autres manuscrits, ici ou là selon la volonté de celui qui lui donnait les ordres. Alors qu'il venait de recevoir la charge de sous-prieur, il partit vers le Christ (qu'il vive avec lui pour l'éternité !) un 3 janvier au temps de l'abbé Richard.

12. Gérard, laïc, sous-cellérier, ensuite cellérier. Il mourut sous l'abbé Nicolas, un 13 mai.

13. Enguerran, prêtre. Il écrivit le livre de Florus sur les deux épîtres aux Corinthiens[50], les sept collations des trois pères, c'est-à-dire Cheremon et les autres[51], l'*Émeraude* qu'on appelle aussi le *Diadème des moines*[52] et quelques autres.

17. [Les moines profès de Vaucelles]

Ceux-ci étaient les moines venus de Clairvaux. Ceux qui suivent sont venus soit du siècle, soit d'un autre ordre.

1. Jean d'Oisy, prêtre. Premier des novices de ce monastère, il fut sacristain, ensuite chantre. Il écrivit le commentaire d'Augustin sur les 32 derniers psaumes[53], et le commentaire du même sur la vraie religion[54], le commentaire d'Haimon sur les trois premières épîtres de Paul[55], les trois volumes de Salomon sans la glose[56], les évangiles de Luc et de Marc (en partie) sans la glose, et plusieurs autres textes.

2. Manassès de Crèvecoeur, laïc.

52. Smaragde de Saint-Mihiel, *Diadema monachorum*. Foulques voit dans le nom de Smaragde (c'est-à-dire « Émeraude ») une reprise du titre de « Diadème des moines », alors qu'il s'agit du nom de l'auteur. Cette erreur, ou ce jeu de mots, n'apparaît pas ailleurs.

53. Augustin d'Hippone, *Super 32 ultimos psalmos ; CPL* 283.

54. Augustin d'Hippone, *De vera religione ; CPL* 264.

55. Haimon d'Auxerre, *Super tres priores epistolas Pauli*.

56. Le livre des Proverbes, l'Ecclésiaste et le Cantique des Cantiques.

3us Simon, laicus. Hic multis annis portarius fuit, et sub abbate Godescalco nomine 13° kalendas aprilis obiit.

4us Balduinus, laicus, Caroli comitis Flandriae, ut fertur, ex concubina.

5us Fulco Cameracensis, ex coenobio Sancti Sepulchri. Hic succentor, deinde post Joannem cantor atque scriptorum custos extitit. Scripsit quoque *epistolas* Pauli apostoli et Rabanum *super libros regum* et *glosam in canticis canticorum* et Ricardum *de statu interioris hominis*.

6us Herbertus Cameracensis, sacerdos et sacrista, deinde subcellerarius fuit. Hic uerax atque benignus, et ideo amabilis fuit, qui etiam sub Radulfo decessit.

7us Petrus de Sancto Quintino, sacerdos. Hic supprior fuit et sub abbate Ricuardo decessit. [f. 272r/p. 11]

8us Rogerus de Landast, sacerdos. Hic post Albericum prior fuit et sub praedicto abbate a saeculo migrauit.

9us Helias, laicus, cellerarius, tempore Dauid obiit.

10us Liebertus, infirmarius, sub abbate Radulfo obiit.

11us Hugo Cameracensis, sacerdos. Hic uestiarius, magister nouitiorum atque cellerarius fuit et sub abbate Alelmo 7° idus januarii defunctus est.

12us Herbertus, sacerdos de Sancto Quintino.

13us Henricus, laicus, supportarius et subcellerarius, sub abbate Dauid obiit.

14us Joannes Cameracensis. Hic succentor, magister nouitiorum, sacrista atque prior post Rogerum sub abbate Radulfo fuit. Postea uero, abbate Ricuardo, ut supra scripsimus factus est abbas in loco qui uocatur Russoc. Quo uidelicet loco a Walensibus destructo, abbas Joannes cum fratribus Valcellas reuersus, ibidem tempore Nicolai abbatis 2° idus maii defunctus est.

15us Amalricus de Bulcem, sacerdos, conuersorum confessor, sub abbate Radulfo 8° kalendas februarii defunctus est.

57. RABAN MAUR, *Super libros regum.*

3. Simon, laïc. Il fut portier pendant de nombreuses années, et mourut sous l'abbé Godescalc, un 20 mars.

4. Baudouin, laïc. Il était, disait-on, né du comte de Flandre Charles et d'une concubine.

5. Foulques de Cambrai, venu du monastère du Saint-Sépulcre. Il fut sous-chantre, ensuite chantre après Jean, et responsable des scribes. Il écrivit aussi les épîtres de l'apôtre Paul, le commentaire de Raban sur les livres des Rois[57], la glose sur le cantique des cantiques et le livre de Richard sur *l'état de l'homme intérieur*[58].

6. Herbert de Cambrai, prêtre et sacristain, ensuite sous-cellérier. Homme sincère et doux, et donc digne d'être aimé ; il mourut sous l'abbatiat de Raoul.

7. Pierre de Saint-Quentin, prêtre. Il fut sous-prieur et mourut sous l'abbé Richard.

8. Roger de Landas, prêtre. Il fut prieur après Albéric et quitta ce siècle sous l'abbé susdit.

9. Hélie, laïc, cellérier, mourut sous l'abbatiat de David.

10. Liébert, infirmier, mourut sous l'abbé Raoul.

11 Hugues de Cambrai, prêtre. Il fut préposé au vestiaire, maître des novices et cellérier et mourut sous l'abbatiat d'Aleaume, un 7 janvier.

12. Herbert, prêtre de Saint-Quentin.

13. Henri, laïc, sous-portier et sous-cellérier, mourut sous l'abbatiat de David.

14. Jean de Cambrai. Il fut sous-chantre, maître des novices, sacristain et prieur après Roger sous l'abbé Raoul. Ensuite, sous l'abbé Richard, comme nous l'avons écrit ci-dessus, il devint abbé à l'endroit appelé Rushock. Ce lieu ayant été détruit par les Gallois, l'abbé Jean revint à Vaucelles avec les frères et y mourut au temps de l'abbé Nicolas, un 14 mai.

15. Amauri de Bouchain, prêtre, confesseur des convers, mourut sous l'abbé Raoul un 25 janvier.

58. RICHARD DE SAINT-VICTOR, *De eruditione interioris hominis*, ou *De mystico somnio regis Nabuchodonosor*.

16us Theobaldus, sacerdos, succentor fuit.

17us Simon Taruennensis, scripsit *Dicta sancti Ephrem*.

18us Hermannus, diaconus, succentor fuit et scripsit *Meditationes* sancti Anselmi et sub abbate Radulfo obiit.

19us Hugo, laicus, cognomento Papalart, sub eodem abbate obiit.

20us Willelmus, laicus, subcellerarius, tempore Alelmi abbatis 5° kalendas julii obiit.

21us Henricus, frater ejus, laicus, 19 kalendas februarii obiit.

22us Fulco, laicus, frater Wicardi abbatis de Geroldorna, subcellerarius fuit et sub abbate Dauid idus aprilis obiit.

23us Joannes Bethuniensis, sacerdos, ex monasterio Sancti Joannis Valentianensis. Hic conuersorum confessor et ferramentorum custos fuit et sub praefato abbate 4° idus junii obiit. [f. 272v/p. 12]

24us Stephanus Bethuniensis.

25us Bernardus Cameracensis subdiaconus et

26us Herpoldus Bethuniensis, laicus, ambo sub abbate Radulfo defuncti sunt.

27us Anscetillus subdiaconus.

28us Albericus, Anglicus, sacerdos, ductor laboris monachorum, et conuersorum confessiones suscipiens, tempore Dauid abbatis 7° idus januarii defunctus est.

29us Ugo Burgundio.

30us Joseph, diaconus.

31us Rainerus de Oskerca, sacerdos. Hic uestiarius, hospitalis, magister conuersorum et cellerarius fuit, et sub abbate Alelmo 2° nonas maii defunctus obiit.

32us Josbertus, sacerdos. Hic quia facundus erat sermones saepe faciebat in capitulo et sub abbate Alelmo

59. *Dicta sancti Ephrem*.
60. ANSELME DE CANTORBÉRY, *Meditationes*.

16. Thibaud, prêtre, fut sous-chantre.

17. Simon de Thérouanne, écrivit les *Dicta* de saint Ephrem[59].

18. Hermann, diacre, fut sous-chantre et écrivit les *Méditations* de saint Anselme[60]. Il mourut sous l'abbé Raoul.

19. Hugues, laïc, surnommé Papelart, mourut sous le même abbé.

20. Guillaume, laïc, sous-cellérier, mourut un 27 juin au temps de l'abbé Aleaume.

21. Henri, son frère, laïc, mourut un 14 janvier.

22. Foulques, laïc, frère de Guichard abbé de Garendon[61], fut sous-cellérier et mourut un 13 avril sous l'abbé David.

23. Jean de Béthune, prêtre, venu du monastère Saint-Jean de Valenciennes. Il fut confesseur des convers et gardien des objets en fer. Il mourut un 10 juin sous l'abbé susdit.

24. Etienne de Béthune.

25. Bernard de Cambrai, sous-diacre, et

26. Herpoldus de Béthune, laïc, moururent tous deux sous l'abbé Raoul.

27. Anquetil, sous-diacre.

28. Albéric, Anglais, prêtre, responsable du travail des moines, recevait les confessions des convers. Il mourut un 7 janvier pendant l'abbatiat de David.

29. Hugues, Bourguignon.

30. Joseph, diacre.

31. Rainier d'Ostkerque, prêtre. Il fut préposé au vestiaire, hôtelier, maître des convers et cellérier. Il mourut un 6 mai sous l'abbé Aleaume.

32. Josbertus, prêtre. Parce qu'il était éloquent, il faisait souvent des sermons pendant le chapitre. Il mourut sous

61. Guichard, présenté comme abbé de Garendon, mais absent de la liste abbatiale, incomplète, donnée par KNOWLES et al., *The Heads of Religious Houses*.

3° calendas januarii eadem die et hora qua et Radulfus abbas obierat, sed non eodem anno, defunctus est.

33[us] Hugo, sacerdos, succentor.

34[us] Ansellus, diaconus de Sancto Quintino, frater Iuonis hospitalis.

35[us] Lucas, sacerdos, sub abbate Alelmo obiit.

36[us] Godardus, laicus, cementarius, sub abbate Radulfo 9° kalendas septembris obiit.

37[us] Rainaldus, clericus, pergameni parator.

38[us] Willelmus Peronensis, subdiaconus. Hic in coenobio Russoc subcellerarius fuit et in hoc monasterio multis annis pergameni parator.

39[us] Walterus Peronensis, subdiaconus, filius Algeri conuersi, sub abbate Ricuardo defunctus est.

40[us] Ricardus Caluus, sacerdos.

41[us] Walterus, laicus, cellerarius.

42[us] Joannes heremita. Hic dum esset adhuc in saeculo *Dialogum Gregorii papae* et partem Marci euangelistae scripsit[a], quae dedit nobis. [f. 273r/p. 13].

43[us] Odo, Anglicus, sacerdos. Hic sacrista fuit et abbate Dauid kalendis decembris obiit.

44[us] Radulfus Brugensis, diaconus.

45[us] Richardus, Ursicampi defunctus.

46[us] Nicolaus Brugensis, subdiaconus.

47[us] Radulfus de Merstona, diaconus. Succentor fuit, multa scripsit[b] e quibus sunt ista : *Historia Anglorum*, Origenes *super Cantica canticorum pars 2[a]*, Origenes *super Mattheum*, Augustinus *de genesi ad litteram* et caetera ejusdem codicis, Isidorus *Ethimologiarum*, duo

a. scripsit *om. C.*

b. fuit *C.*

62. GRÉGOIRE LE GRAND, *Dialogus ; CPL* 1713.

63. BÈDE LE VÉNÉRABLE, *Historia ecclesiastica gentis Anglorum*.

l'abbé Aleaume, un 30 décembre, le même jour et à la même heure (mais pas la même année) que l'abbé Raoul.

33. Hugues, prêtre, sous-chantre.

34. Anselme, diacre de Saint-Quentin, frère de l'hôtelier Yves.

35. Luc, prêtre.

36. Godard, laïc, maçon, mourut sous l'abbé Raoul, un 24 août.

37. Renaud, clerc, préparateur de parchemin.

38. Guillaume de Péronne, sous-diacre. Il fut sous-cellérier dans le monastère de Rushock et pendant de nombreuses années préparateur de parchemin dans notre monastère.

39. Gautier de Péronne, sous-diacre, fils du convers Algerus, mourut sous l'abbé Richard.

40. Richard le Chauve, prêtre.

41. Gautier, laïc, cellérier.

42. Jean, ermite. Alors qu'il était encore dans le siècle, il écrivit les *Dialogues* du pape Grégoire[62] et une partie de l'Évangile de Marc, et nous les donna.

43. Odon, Anglais, prêtre. Il fut sacristain et mourut un 4 décembre, sous l'abbé David.

44. Raoul de Bruges, diacre.

45. Richard, mort à Ourscamp.

46. Nicolas de Bruges, sous-diacre.

47. Raoul de Marston, diacre. Il fut sous-chantre et fit beaucoup [de livres] parmi lesquels : l'*Histoire des Anglais*[63], le commentaire d'Origène sur le cantique des cantiques (2e partie)[64], le commentaire d'Origène sur Mathieu[65], le commentaire littéral d'Augustin sur la Genèse[66] et les autres textes de ce manuscrit, les *Étymologies* d'Isidore[67],

64. ORIGÈNE, *In Canticum canticorum homiliae II* (*CPG* 1432) ou *Libri decem in canticum canticorum* (*CPG* 1433).

65. ORIGÈNE, *Commentarii in Matthaeum* (*CPG* 1450).

66. AUGUSTIN D'HIPPONE, *De genesi ad litteram ; CPL* 266.

67. ISIDORE DE SÉVILLE, *Etymologiae*, *CPL* 1186.

codices magistri Hugonis *de sacramentis*, *sermones* Bernardi abbatis et *uita ejus* cum *uita sancti Malachiae*, *epistolae* sancti Bernardi, *passionale* cujus initium est *Passio sancti Bartholomaei*, *Vita sancti Martini*, *Genesis* glosata, *glosa in Marcum et Lucam*, Augustinus *de baptismo paruulorum*, Gregorius Nazianzenus, antiphonarium unum integrum, item aliud antiphonarium paruulum in choro catenatum, psalterium in quodam breuiario, missalia quatuor et dimidium, codex chartarum, *regula* sancti Basilii, tractatus Richardi *super uersum psalmi « quid est tibi mare »*, *sermones et epistolae* Leonis papae, Honorius *super cantica canticorum*. Quo scilicet opere inchoato, ipse perficiendus a Christo 7° idus januarii transiuit ex hoc mundo.

48us Herueius leuita, hospitalis et supportarius fuit, et sermones plerumque in capitulo fecit et sub abbate Alelmo 5° idus januarii defunctus est.

49us Remigius sacerdos, ex monasterio Molismensi.

50us Willelmus de Geraldimonte, ex coenobio Affligemensi. Hic post Joannem, abbate Ricuardo, prior factus est et sub abbate Alelmo 8° kalendas septembris obiit.

51us Willelmus sacrista, sacerdos et

52us Willelmus diaconus, hospitalis, ambo tempore Ricuardi abbatis defuncti sunt. [f. 273r/p. 14]

68. HUGUES DE SAINT-VICTOR, *De sacramentis*.

69. On ne peut savoir de quelle collection de sermons de Bernard de Clairvaux il s'agissait : *Sermones de diversis*, *Sermones per annum*, *sermones super cantica canticorum*. Toutes sont éditées dans les *Sancti Bernardi Opera*, t. 1-2 et 4-6.

70. Sans doute la *Vita prima* de Bernard de Clairvaux, due à Guillaume de Saint-Thierry, Arnaud de Bonneval et Geoffroi d'Auxerre : *Vita prima sancti Bernardi*, éd. VERDEYEN.

71. BERNARD DE CLAIRVAUX, *Vita sancti Malachiae*.

72. BERNARD DE CLAIRVAUX, *Epistolae*.

le *De sacramentis* de maître Hugues en deux volumes[68], les sermons de l'abbé Bernard[69], la *Vie* de celui-ci[70] avec la *Vie* de saint Malachie[71], les lettres de saint Bernard[72], un passional dont le début est « Passion de saint Barthélemy », la vie de saint Martin[73], la Genèse glosée, la glose des évangiles de Marc et Luc, le traité d'Augustin *Sur le baptême des enfants*[74], Grégoire de Nazianze, un antiphonaire entier, un autre petit antiphonaire enchaîné dans le choeur, un psautier dans un bréviaire, quatre missels et demi, un cartulaire[75], la règle de saint Basile[76], le traité de Richard sur le vers du psaume *Quid est tibi mare*[77], les sermons et les lettres du pape Léon[78], le traité d'Honorius sur le Cantique des cantiques[79]. Ayant commencé ce dernier travail, il quitta ce monde pour être lui-même accompli par le Christ un 7 janvier.

48. Hervé, diacre, fut hôtelier et sous-portier. Il prononça de nombreux sermons en chapitre et mourut sous l'abbé Aleaume, un 9 janvier.

49. Rémi, prêtre, venu du monastère de Molesme.

50. Guillaume de Grammont, venu du monastère d'Affligem. Sous l'abbé Richard il fut fait prieur après Jean et mourut sous l'abbé Aleaume un 25 août.

51. Guillaume, sacristain, prêtre et

52. Guillaume, diacre, hôtelier, moururent tous deux pendant l'abbatiat de Richard.

73. Sans doute la *Vita Martini* de Sulpice Sévère.

74. AUGUSTIN D'HIPPONE, *De peccatorum meritis et remissione et de baptismo parvulorum ; CPL* 342.

75. Ce cartulaire est malheureusement perdu. Sur les cartulaires de Vaucelles cf. *Chartes*, p. 10-11.

76. PS. BASILE DE CÉSARÉE, *Regula ; CPL* 198d.

77. RICHARD DE SAINT-VICTOR, *De exterminatione mali et promotione boni :* ce livre porte dans les plus anciens manuscrits le titre *super versum psalmi quid est tibi mare*.

78. LÉON LE GRAND, *Sermones* et *Lettres*.

79. HONORIUS AUGUSTODUNENSIS, *Expositio super cantica canticorum*.

53[us] Willelmus Rufus, subdiaconus. Hic plura scripsit e quibus sunt ista : codex quidam furto nobis ablatus in quo gesta plurimarum uirginum continebantur, 6[a] pars *Moralium*, *decem collationes patrum*, Hieronymus *super 6 prophetas Osee uidelicet et reliquos quinque*, Hieronymus *super Danielem*, Breuiarium multaque alia.

54[us] Balduinus, sacerdos de Brabant. Hic post Walterum cantor fuit pluraque scripsit, e quibus sunt ista : Isidori *Synonima*, Augustinus *super epistolam Joannis* furto nobis ablatus, missalia quatuor, epistolare unum, antiphonaria duo, gradalia tria, textus euangeliorum, Hugo *de uanitate* et *de arca Noe*, *regula* sancti Benedicti, collectaneum in choro, collectaneum in praesbyteris, psalterium unum, libellus benedictionum.

55[us] Godardus, sacerdos. Hic in coenobio Russoc cantor fuit et in hoc monasterio plurima scripsit e quibus sunt ista : psalterium unum, breuiaria tria, *Paralypomenon*, *Jeremias*, *Ezechiel, Daniel et 12 prophetae cum glosa sua*, Girbertus *super duos prophetas Osee scilicet et Amos*, *super lamentationes Jeremiae*, item *Lamentationes Jeremiae cum glosa*, liber sententiarum cujus initium est *Algericus de sacramento corporis et sanguinis Domini* et caetera ejusdem codicis, *Speculum charitatis*, Richardus *de uisione Nabuchodonosor*, *tractatus super uersum psalmi "holocausta medullata"*,

80. Jean Cassien, *Collationes patrum ; CPL* 512.

81. Jérôme, *Commentarius in prophetas minores*, qui consistent en commentaire d'Osée et de onze autres prophètes mineurs, dont seuls quelques-uns, sans doute Joël, Amos, Abdias, Jonas et Michée, figuraient dans ce manuscrit ; *CPL* 589.

82. Jérôme, *Explanatio in Danielem*.

83. Isidore de Séville, *Synonymi de lamentatione animae peccatricis ; CPL* 1203.

84. Augustin d'Hippone, *In epistolam Joannis ad Parthos tractatus ; CPL* 279.

85. Hugues de Saint-Victor, *Libellus de formatione arche*, ou *De arca Noe morali* et sans doute *de arca Noe mystica*. Du même auteur, *De uanitate rerum mundanarum*.

53. Guillaume le Roux, sous-diacre. Il écrivit de nombreux textes, dont : un livre qui nous fut volé et qui contenait les histoires de nombreuses vierges, la 6e partie des *Moralia*, les *Dix collations des Pères*[80], le commentaire de Jérôme sur six prophètes, à savoir Osée et les cinq autres[81], le commentaire de Jérôme sur Daniel[82], un bréviaire et beaucoup d'autres.

54. Baudouin, brabançon, prêtre. Il fut chantre après Gautier et écrivit plusieurs textes, dont : les *Synonymes* d'Isidore[83], le traité d'Augustin sur l'épître de Jean[84] (il nous fut volé), quatre missels, un épistolaire, deux antiphonaires, trois graduels, un évangéliaire, les traités d'Hugues *Sur la vanité* et *Sur l'arche de Noë*[85], la Règle de saint Benoît[86], un *Collectaneum in choro*, un *Collectaneum in presbyteris*, un psautier, un livre de bénédictions.

55. Godard, prêtre. Il fut chantre au monastère de Rushock et dans notre monastère il écrivit plusieurs textes, dont : un psautier, trois bréviaires, les *Paralipomènes*[87], Jérémie, Ezéchiel, Daniel et les douze prophètes avec leur glose, le commentaire de Gilbert sur les deux prophètes Osée et Amos, sur les *Lamentations* de Jérémie et la glose sur ces mêmes *Lamentations*, un livre de sentences dont le début est *Algericus sur le sacrement du corps et du sang du Seigneur*[88], et d'autres textes dans le même manuscrit, le *Miroir de la charité*[89], le traité de Richard *Sur la vision de Nabuchodonosor*[90], le traité *Sur le vers du psaume « holocausta medullata »*[91], le

86. Benoît de Nursie, *Regula ; CPL* 1852.

87. Les livres des Chroniques.

88. Alger de Liège, *De sacramento corporis et sanguinis Domini*.

89. Aelred de Rievaulx, *Speculum caritatis*.

90. Richard de Saint-Victor, *De eruditione interioris hominis*, ou *De mystico somnio regis Nabuchodonosor*.

91. Le *Tractatus super uersum psalmi « holocausta medullata »* est sans doute le *De sacrificio Dauid prophetae* de Richard de Saint-Victor, dont l'incipit est *Holocausta medullata offeram tibi*, éd. *PL*, t. 196, col. 1031-1043. Voir R. Goy, *Die handschriftliche*

Hieronymus de essentia Dei, Augustinus *de opere monachorum*, *codex chronicarum Esdras, Thobias, Hester, Judith cum glosa sua* multaque alia. Tempore autem Alelmi abbatis 7° idus martii defunctus est.

56us Drogo, sacerdos, multis annis sacrista existens multorum sanctorum reliquias studiose quaesiuit.

57us Richardus, diaconus de Sancto Albano, sub abbate Alelmo nonas februarii obiit.

58us Henricus et

59us Ricardus, sacerdotes de Lonuiler. Hi duo ex ordine Sauignacensi uenientes postquam idem ordo ordini nostro se conjunxit, ad suum monasterium cum licentia Valcellensis abbatis reuersi sunt. [f. 274r/p. 15]

60us Renerus de Ligescourt

61us Hugo laicus de Bethencourt sub abbate Radulfo obiit.

62us Gillebertus subdiaconus succentor fuit et

63us Nicolaus Walensis, subdiaconus, ambo sub abbate praefato obierunt.

64us Guntardus, leuita, infirmarius et subcellerarius fuit et sub abbate Alelmo 12° kalendas martii obiit.

65us Walterus, sacerdos. Hic post Fulconem cantor fuit. Caetera de illo supra dicta sunt.

66us Chono piae memoriae post praefatum Walterum Blancelandae abbas, in quo uidelicet monasterio defunctus requiescit.

67us Enoc primus abbas Vallis Floridae.

68us Morinus, sacerdos.

69us Joannes et

70us Joannes sacerdotes.

71us Jacob.

72us Madoc.

Überlieferung, p. 341-343, qui ne relève que douze manuscrits, dont un seul d'origine cistercienne (Aulne).

92. Il s'agit d'un traité attribué aussi à Augustin, édité sous le titre *De essentia divinitatis* parmi les oeuvres de ce dernier dans

traité de Jérôme *Sur l'essence de Dieu*[92], le traité d'Augustin *Sur le travail des moines*[93], un livre des chroniques d'Esdras, Tobie, Esther, Judith avec la glose et beaucoup d'autres. Il mourut un 9 mars, au temps de l'abbé Aleaume.

56. Drogon, prêtre, fut sacristain pendant de nombreuses années et chercha ardemment les reliques de nombreux saints.

57. Richard, diacre de Saint Albans, mourut un 5 février sous l'abbé Aleaume.

58. Henri et

59. Richard, prêtres de Longvilliers, venant tous deux de l'ordre de Savigny. Lorsque cet ordre se fût joint au nôtre, avec l'accord de l'abbé de Vaucelles ils retournèrent à leur monastère

60. Rainier de Ligescourt.

61. Hugues, laïc, de Béthencourt, mourut sous l'abbé Raoul.

62. Gilbert, sous-diacre, sous-chantre, et

63. Nicolas, Gallois, sous-diacre, moururent tous deux sous l'abbé susdit.

64. Gontard, diacre, fut infirmier et sous-cellérier, et mourut un 18 février sous l'abbé Aleaume.

65. Gautier, prêtre. Il fut chantre après Foulques. J'ai dit le reste à son sujet ci-dessus.

66. Conon, de pieuse mémoire. Abbé de Whitland après le susdit Gautier, il mourut et repose dans ce monastère.

67. Enoc, premier abbé de *Strata Florida*.

68. Morin, prêtre.

69. Jean et

70. Jean, prêtres.

71. Jacques.

72. Madoc.

PL, 42, col. 1199-1208, avec l'incipit *Omnipotens Deus Pater et Filius* (*CPL* 488°).

93. AUGUSTIN D'HIPPONE, *De opere monachorum ; CPL* 305.

73us Rogerus. Hi omnes decem Walenses fuerunt.

74us Rogerus diaconus.

75us Robertus Cantuariensis.

76us Nicolaus de Valentianis, sacerdos.

77us Albericus socius ejus, clericus, sub abbate Ricuardo obiit.

78us Radufus sacerdos. Hic hospitalis, magister conuersorum et nouitiorum atque supprior fuit.

79us Gerardus de Ors, sacerdos et infirmarius fuit.

80us Willelmus de Roslers, subdiaconus. Hic in coenobio Russoc succentor fuit et sub abbate Alelmo 17° kalendas februarii obiit.

81us Walterus, sacerdos, custos scriptorum fuit et sub abbate Alelmo 4° kalendas martii obiit, qui etiam scripsit.

82us Stephanus Cameracensis, sacerdos, supportarius et scriptorum custos fuit.

83us Alstanus leuita. Hic quaedam scripsit.

84us Robertus Carnotensis.

85us Sigerus subdiaconus.

86us Philippus.

87us Warimundus sacerdos.

88us Gerulphus subdiaconus. [f. 274v/p. 16]

89us Nicolaus de Sancto Ethimundo, sacerdos. Hic in coenobio Boheriensi cantor et in hoc monasterio sacrista fuit, et quia ingeniosus erat multa operatus est. Nam in tribus grangiis nostris et in tribus abbatiis, hoc est Alna, Villario et Camberona per officinas conductus aquarum fecit sed et apud nos antiphonaria atque gradalia notauit, codices ligauit, uasa diuersa fudit. Tempore autem Alelmi abbatis 6° nonas maii defunctus est.

90us Hugo Bethuniensis, sacerdos, frater Rainaldi sacerdotis. Iste praedicti Nicolai discipulus successor in quibusdam praefatis operibus fuit.

91us Petrus de Ladast subcellerarius fuit.

92us Alardus, ecclesiae Sanctae Crucis Cameracensis sacerdos, sub abbate Radulfo defunctus est.

73. Roger. Ces dix derniers étaient Gallois.

74. Roger, diacre.

75. Robert de Canterbury.

76. Nicolas de Valenciennes, prêtre.

77. Albéric, son compagnon, clerc, mourut sous l'abbé Richard.

78. Raoul, prêtre. Il fut hôtelier, maître des convers et des novices et sous-prieur.

79. Gérard d'*Ors*, prêtre, fut infirmier.

80. Guillaume de Roulers, sous-diacre. Il fut sous-chantre au monastère de Rushock et mourut pendant l'abbatiat d'Aleaume, un 16 janvier.

81. Gautier, prêtre, fut responsable des scribes et mourut sous l'abbé Aleaume un 26 mars. Il écrivit aussi.

82. Étienne de Cambrai, prêtre, fut sous-portier et responsable des scribes.

83. Alstanus, diacre. Il écrivit quelques œuvres.

84. Robert de Chartres.

85. Siger, sous-diacre.

86. Philippe.

87. Warimundus, prêtre.

88. Gerulphe, sous-diacre.

89. Nicolas de St Edmunds, prêtre. Il fut chantre au monastère de Bohéries et sacristain dans le nôtre, et parce qu'il était ingénieux il réalisa beaucoup de choses. En effet, dans nos trois granges et dans trois abbayes, celles d'Aulne, Villers et Cambron, il aménagea des conduites d'eau à travers les ateliers ; il ajouta aussi une notation musicale à des antiphonaires et des graduels, relia des manuscrits, fondit divers vases. Il mourut un 2 mai au temps de l'abbé Aleaume.

90. Hugues de Béthune, prêtre, frère du prêtre Renaud. Il fut le disciple et le successeur du dit Nicolas dans quelques-uns des travaux évoqués ci-dessus.

91. Pierre de Landast fut sous-cellérier.

92. Alard, prêtre de l'église Sainte-Croix de Cambrai, mourut sous l'abbé Raoul.

93us Joannes cognomento Golias.

94us Mascelinus Cameracensis, subdiaconus. Hic mansueti et jucundi uultus et animi, feruens et alacer in opere manuum et in laudibus Dei, monachos saepe ad laborem ducens, conuersorum confessiones suscipiens, cunctis ualde amabilis fuit. Tempore autem Ricuardi abbatis 7° kalendas januarii ad Christum migrauit.

Quidam uero nouitius, nomine Bledul, Walensis natione, gradu sacerdos, sub abbate Radulfo defunctus est.

[18][a] Sunt igitur centum et septem monachi professi sub regimine Radulfi abbatis constituti, 13 quidem a Claraualle uenientes, 94 uero de saeculo siue de alio ordine conuersi.

Sequuntur 3 nouitii quos ut supra diximus successor Radulfi, Ricuardus, monachos fecit : Salomon uidelicet, Itellus atque Bernardus, singuli gradu sacerdotis praeeminente, qui nimirum Radulfo magis quam Ricuardo sunt deputandi. Nam, licet juxta apostolum « qui plantat et qui seminat unum sint » (cf. 1Cor, 3, 8), major tamen plantator Paulus quam Apollo rigator (cf. 1Cor, 3, 6).

Ex his itaque 107 monachis ante Radulfum abbatem quindecim mundo migrauerant, undecim uero transmare ad construenda duo abbatiarum loca ab eo missi fuerant. Porro in hoc coenobio, die qua migrauit ad Christum, 58 consistebant et 4 nouitii, ex quibus scilicet successor illius ut praediximus tres monachos fecit, 4um uero propter quemdam corporis morbum foris misit. Ex residuis autem quidam in aliis monasteriis, nonnulli uero erant in saeculo. [f. 275r/p. 17]

Verumtamen ex his qui in saeculo erant, postmodum paenitentes[b] reuersi sunt, et jam quidam illorum in pace requiescunt.

[19][c] Sciendum praeterea nomina omnium quos descripsimus nequaquam juxta ordinem conuersionis posuisse, sed

a. *Paragraphe non copié dans le ms. B.*

b. *Il manque ici en C un mot comme* quidam.

c. *Les paragraphes 6 à 19 ne sont pas copiés dans le ms. B, où ils sont remplacés par :* Nec mirum reliquit enim centum et

93. Jean, surnommé *Golias*.

94. Mascelin de Cambrai, sous-diacre. Il était de visage et d'esprit doux et souriant, fervent et rapide au travail manuel et à la louange divine. Il conduisit souvent les moines au travail, reçut les confessions des convers, fut très aimable pour tous. Il partit vers le Christ un 26 décembre au temps de l'abbé Richard.

Un novice, Bledul, Gallois de nation et prêtre, mourut sous l'abbé Raoul.

18. Il y a donc 107 moines qui ont fait profession sous le gouvernement de l'abbé Raoul, 13 venus de Clairvaux, 94 convertis depuis le siècle ou depuis un autre ordre.

Suivent les trois novices dont nous avons dit ci-dessus que le successeur de Raoul, Richard, les avait fait moines : Salomon, Itellus et Bernard, tous trois ayant le grade éminent de prêtre, mais ils doivent être attribués à Raoul plus qu'à Richard. En effet, bien que selon l'apôtre « celui qui plante et celui qui sème ne font qu'un », le planteur Paul est cependant plus grand que l'arroseur Apollon.

Parmi ces 107 moines, 15 quittèrent ce monde avant l'abbé Raoul, onze furent envoyés par lui outre-mer pour construire les deux abbayes. Le jour de sa mort, dans ce monastère, il y avait 58 moines et 4 novices, dont comme nous l'avons dit, son successeur fit trois moines ; il renvoya le quatrième à cause d'une maladie physique. Les autres étaient pour quelques-uns dans d'autres monastères, la plupart étaient dans le siècle.

Cependant, parmi ceux qui étaient retournés dans le siècle, [quelques-uns] revinrent, pénitents, et certains d'entre eux reposent maintenant en paix.

[Réflexions sur le nombre des moines]

19. Il faut savoir en outre que nous n'avons pas placé les noms de ceux que nous avons écrits dans l'ordre de leur conversion, mais selon ce qui se présentait à notre mémoire.

sicut memoriae occurrebat conscripsisse. Unde etiam nos credimus quosdam omisisse. Attamen, eos quos descripsimus certi sumus omnes professos fuisse. Non solum autem propter notitiam nomina eorum descripsimus, uerum etiam ob cauillationem quorumdam uaniloquorum qui nobis, defuncto patre nostro, procaciter insultabant, dicentes decem aut uiginti monachos illum habuisse. Quod nimirum omnino falsum est. Quin potius, si omnes ad conuersionem uenientes admissi fuissent, aut si ipsi qui recepti sunt bonum perseuerantiae tenuissent, fortassis numero centenario tricenarius, uel etiam quinquagenarius adderetur. Verum, concedamus nonnisi decem aut paulo plus monachos illum habuisse, num idcirco aliis qui centum uel eo amplius monachos habuerunt inferior judicandus est ? Absit ! Numquid enim Christus Petro ideo minor, quia per Christum pauci, per Petrum uero multi sunt ad fidem conuersi ? Numquid nam Petrus Christo ob hoc sanctior quoniam Christus tactu finbriae suae (Mt, 9, 20 et *passim*), Petrus autem umbra sua (cf. Act., 5, 15) dummodo infirmos sanabat ? Quis hoc uel insanus dicat aut credat ? Sed opponitur quia quod Petrus fecit, per Christum fecit. Bene, et quis alius unquam fecit uel facit uel faciet nisi per Christum, ipso testante quia *sine me nichil potestis facere* (Jn, 15, 5) ? Sed ut taceamus de Christo, numquid sanctus Martialis beato Petro ideo est aequandus, ne dicam praeferendus, quia Petrus nunc tres, nunc uero quinque, Martialis modo quidem 15, modo autem 30 legitur conuertisse pariter et baptisasse. Sed omittamus ista omnia, quia ille est aequissimus discretor meritorum, qui futurus est largissimus distributor praemiorum.

septem monachos professos et tres nouitios, conuersos uero centum et triginta quos sub suo regimine habuit.

94. Je n'ai pas réussi à identifier le texte parlant de 15 ou 30 conversions de saint Martial et le comparant à saint Pierre. La *Vita Martialis* du pseudo-Aurélien (*BHL* 5552, éd. L. Surius, *De probatis vitis*, t. 6, p. 365-374), mentionne des centaines, voire des milliers de conversions. C'est cette *Vita* qui fut intégrée au légendier

C'est pour cela que nous pensons en avoir omis quelques-uns. Cependant, nous sommes sûrs que tous ceux que nous avons écrits ici ont été profès. Nous avons écrit leurs noms non seulement pour qu'ils soient connus, mais aussi à cause des calomnies de quelques menteurs qui à la mort de notre père nous insultaient avec insolence en disant qu'il n'avait eu que dix ou vingt moines. Ce qui est tout à fait faux. Bien plus, si tous ceux qui étaient venus pour la conversion avaient été admis, ou si tous ceux qui avaient été reçus avaient conservé le bien de la persévérance, au nombre de cent il aurait fallu en ajouter environ trente, ou même cinquante. Mais concédons qu'il n'ait eu qu'une dizaine de moines ou un peu plus, devrait-il pour autant être jugé inférieur à ceux qui ont eu une centaine de moines ou même plus ? Certes non ! Le Christ est-il inférieur à Pierre parce qu'il n'a converti que peu de gens à la foi, Pierre beaucoup ? Pierre est-il plus saint que le Christ parce que le Christ guérissait les infirmes en les touchant de son vêtement, Pierre par sa seule ombre ? Quel fou dirait ou croirait une telle chose ? On lui opposera que ce que Pierre a fait, il l'a fait par le Christ. Très bien. Mais qui donc a jamais fait, fait encore ou fera quelque chose, si ce n'est par le Christ, comme celui-ci le dit lui-même : « Sans moi vous ne pouvez rien faire » ? Ne parlons plus du Christ : saint Martial peut-il être considéré comme égal à saint Pierre, voire comme supérieur, parce qu'on dit que Pierre a converti et baptisé tantôt trois, tantôt cinq personnes, mais Martial 15 ou 30[94] ? Mais arrêtons là, car celui-là est le très équitable juge des mérites, qui sera aussi le très généreux distributeur des récompenses.

appelé *Legendarium Flandrense* (F. DOLBEAU, « Le *Legendarium Flandrense* », p. 409), dont on sait que Vaucelles avait un exemplaire, mais ce légendier ne date que du début du XIIIe siècle et n'est pas né à Vaucelles. On notera cependant que Martial était considéré comme un disciple de saint Pierre, ce qui explique la comparaison faite par la *Fundatio :* L. DUCHESNE, « Saint Martial » ; R. LANDES et C. PAUPERT, *Naissance d'apôtre*, p. 41-44 ; Ph. DEPREUX, « Der Petrusstab », p. 417-418.

[20] Hinc pater noster sanctus Bernardus, cum post obitum illius successorem ipsius[a] Ricuardum suauis memoriae uirum adduxisset et uidisset tam praeclarum monachorum et conuersorum conuentum, mente exhilaratus in hanc uocem erupit dicens : « Benedictus Deus, dudum quidem in initio paruum hominum numerum ad hunc locum adduxi, nunc autem ex illo grege pusillo in tantam uos conspiciens multitudinem excreuisse. Gaudeo et exulto, et omnipotenti Deo gratias ago. Homo quippe ille quem uobis abbatem feci quique modo defunctus requiescit arbor bona fuit, arbor fructifera (cf. Mt, 7, 17 et Lc, 6, 43) extitit. Non aestus [f. 275v/p. 18] illum excussit, non gelu attinuit, et ideo ut apparet multum fructum fecit. Dominus autem illum transmisit mihi, et ego uobis eum dedi. Qui etiam bonas et pulchras domos dimisit, pro quibus scilicet omnibus Deus omnipotens bonum et magnum restituat illi proemium, amen »[b].

[21][c] Praeterea conuersorum nomina non ita nouimus sicut monachorum, quia notitiam eorum non[d] habemus praeter paucorum quos nimirum scripto hic memoriae uolumus commendare.

1[us] Hergotus magister.
2[us] Thialdus grangiarius.
3[us] Haimo pistor.
4[us] Joannes.
5[us] Arnulfus.
6[us] Walterus magister.
7[us] Werricus magister.
8[us] Amalricus magister.
9[us] Fulco magister.

a. *B ajoute ici* domnum.
b. *De* Dominus autem *à* amen *om. B.*
c. *Paragraphe non copié dans le ms. B.*
d. non *om. C.*

20. C'est pour cela que notre père, saint Bernard, alors qu'après la mort de Raoul il conduisait son successeur, Richard, de douce mémoire, et qu'il voyait cet illustre communauté de moines et de convers, l'esprit réjoui, s'écria : « Que Dieu soit béni ! Il n'y a pas si longtemps, j'ai amené à ce lieu à ses débuts un petit nombre d'hommes, et maintenant je vois que ce petit troupeau a crû jusqu'à former une grande multitude ! Je m'en réjouis, j'exulte et j'en remercie le Dieu tout-puissant. Et vraiment, cet homme dont j'avais fait votre abbé et qui aujourd'hui repose en paix, cet homme fut un bon arbre, un arbre portant de nombreux fruits. La canicule ne l'a pas abattu, le gel ne l'a pas engourdi, et ainsi qu'il apparaît maintenant il a porté de nombreux fruits. Le Seigneur me l'a transmis et moi je vous l'ai donné. Il a laissé de bonnes et belles maisons, que le Dieu tout-puissant lui donne une récompense bonne et grande, amen ».

[Liste des convers]

21. Les noms des convers, nous ne les connaissons pas aussi bien que ceux des moines, parce que nous n'en avons pas connaissance, à part les quelques-uns que nous avons voulu ici recommander par écrit à la mémoire.

Hergotus maître[95].
Thialdus grangier.
Haimo boulanger.
Jean.
Arnoul.
Gautier maître.
Guerri maître.
Amauri maître.
Foulques maître.

95. *Magister* désigne sans doute ici un maître des convers, sans doute le maître d'une grange (bien qu'existe aussi en ce sens le terme de *grangiarius*, utilisé à la ligne suivante). En aucun cas, s'agissant d'un convers, un écolâtre ou un universitaire.

10us Herelbardus magister.
11us Rumaldus magister.
12us Lietardus magister.
13us Albandus pergamenarius.
14us Algotus stabularius.
15us Rinbertus pater Nicolai abbatis.
16us Simon et
17us Walterus fratres, filii sororis Radulfi abbatis.
18us Acardus carpentarius.
19us Durandus carpentarius.
20us Walterus carpentarius.
21us alter Walterus quoque carpentarius.
22us Hugo carpentarius.
23us Fulbertus carpentarius.
24us Balduinus carpentarius.
25us Rainerus carpentarius.
26us Hugo de Landast magister ; hujus filius est Guntherus monachus, fratres quoque Gunthardus et Wicardus monachi, Lietus et Rogerus conuersi.
27us Robertus frater Chononis abbatis.
28us Adam cementarius.
29us Iuo mercator, frater Anselli monachi.
30us Robertus molendinarius.
31us Robertus pater quatuor sacerdotum.
32us Robertus mercator. [f. 276r/p. 19]
33us Gillebertus pater ejus.
34us Thebaldus hospitalis.
35us Radulfus auunculus ejus.
36us Ricardus hospitalis.
37us Balduinus leprosus.
38us Walcherus filius ejus.
39us Hugo faber.
40us Hugo alius faber.
41us Rogerus faber.
42us Balduinus pater ejus.
43us Rainaldus custos claustri.

Herelbardus maître.
Rumaldus maître.
Liétard maître.
Albandus parcheminier.
Algotus palefrenier.
Rimbert père de l'abbé Nicolas.
Simon et
Gautier frères, fils de la sœur de l'abbé Raoul.
Achard charpentier.
Durand charpentier.
Gautier charpentier.
L'autre Gautier charpentier.
Hugues charpentier.
Fulbert charpentier.
Baudouin charpentier.
Rainier charpentier.
Hugues de Landas, maître. Son fils est le moine Gunscherus, ses frères les moines Gunthardus et Guichard et les convers Lietus et Roger.
Robert, frère de l'abbé Conon.
Adam maçon.
Yves, marchand, frère du moine Anseau.
Robert meunier.
Robert, père de quatre prêtres.
Robert marchand.
Gilbert son père.
Thibaud hôtelier.
Raoul son oncle.
Richard hôtelier.
Baudouin lépreux.
Gaucher son fils.
Hugues forgeron.
L'autre Hugues forgeron.
Roger forgeron.
Baudouin son père.
Renaud gardien du cloître.

44us Lambertus custos claustri.
45us Lambertus pater Joranni monachi.
46us Algerus pater Walteri monachi.
47us Eruardus Pandox.
48us Sigerus Pandox.
49us Hugo fullo.
50us Clarabaldus faber.
51us Drogo de Oisy.
52us Drogo de Bethunia.
53us Rogerus et
54us Gillebertus fratres
55us Ricardus et
56us Gaufridus fratres.
57us Dodo et
58us Mainardus fratres.
59us Offridus et
60us Robertus fratres.
61us Walterus et
62us Ansellus fratres.
63us Turgis et
64us Aluinus pater ejus.
65us Walterus hortulanus de Tum.
66us Siricius custos equorum.
67us Theobaldus pauperum infirmarius.
68us Theobaldus Burgundio.
69us Amolricus de Oisy.
70us Robertus Atrebatensis. [f. 276v/p. 20]
71us Hugo Aquiciensis.
72us Walterus pater cujusdam sacerdotis.
73us Iuo Aquiciensis, pater Arnulfi modo Arnulphus « Dei adjutorium ».

96. *Pandox* est un terme propre au latin médiéval, qui signifie soit « aubergiste », soit « buveur, goinfre » : *Novum glossarium mediae latinitatis ... P-Panis*, Copenhague, 1980, col. 179. L'extrême rareté du terme suggère qu'il s'agit ici plutôt d'un

Lambert gardien du cloître.
Lambert père du moine Jorannus.
Alger père du moine Gautier.
Ervard *Pandox*[96].
Siger *Pandox*.
Hugues foulon.
Clarembaud forgeron.
Drogon d'Oisy.
Drogon de Béthune.
Roger et
Gilbert frères.
Richard et
Geoffroi frères.
Dodo et
Mainard frères.
Offridus et
Robert frères.
Gautier et
Anseau frères.
Turgis et
Alvinus son père.
Gautier jardinier de *Tum*.
Siricius gardien des chevaux.
Thibaud infirmier des pauvres.
Thibaud le Bourguignon.
Amauri d'Oisy.
Robert d'Arras.
Hugues d'Anchin.
Gautier père d'un prêtre.
Yves d'Anchin père d'Arnoul, maintenant Arnoul « Aide de Dieu ».

surnom, d'autant qu'on ne voit pas d'office d'aubergiste. Le fait que les deux convers qui portent ce nom se suivent dans la liste le confirme, en indiquant sans doute une parenté entre eux. Je n'ai pas trouvé d'autre attestation de ce surnom.

74[us] Arnulphus Duratesta.
75[us] Simon Walensis.
76[us] Walterus de Creuecuer.
77[us] Girardus de Claromarech.
78[us] Fredericus textor.
79[us] Robertus de Bedefordia.
80[us] Bartholomaeus de Borlon.
81[us] Marcus Teutonicus.
82[us] Eurardus Campusauenae.
83[us] Balduinus de Perona.
84[us] Hugo de Fauril frater Rollandi conuersi.
85[us] Gunso custos saltus Piseriae[a].
86[us] Hellinus caesor lignorum in saltu.
87[us] Haimericus de Papenghem.
88[us] Fulmerus Caseguens opilio.
89[us] Warinus opilio.
90[us] Warinus caritas.
91[us] Gunzo Tercor.
92[us] Eurardus de Humbleris.
93[us] Elebaldus agrarius.
94[us] Gunterus Cameracensis.
95[us] Gunterus de Crispinio.
96[us] Alueredus portarius.
97[us] Radulfus Cameracensis pater Alardi sutoris et Radulfi mercatoris conuersi, Hugonis quoque monachi et prioris ecclesiae Sancti Sepulchri Cameraci, postea uero monachi similiter et prioris Caroliloci, coenobii uidelicet ordinis nostri.
98[us] Theobaldus garcio Ducissae de Curtrai.
99[us] Fulcardus de Maineriis.
100[us] Fulcredus frater Radulphi Matum.
101[us] Wibertus de Hainau.

a. *C ajoute :* c'est Pesieres.

97. *Ducissa* (= Duchesse) n'est pas ici un titre, mais un nom, rare, mais qu'on trouve parfois au XIIe siècle : c'est le nom en

Arnoul Tête-Dure.
Simon de Galles.
Gautier de Crèvecoeur.
Gérard de Clairmarais.
Frédéric tisserand.
Robert de Bedford.
Barthélemy de *Borlon*.
Marc l'Allemand.
Evrard Candavène.
Baudouin de Péronne.
Hugues de *Favril* frère du convers Roland.
Gunso gardien de la forêt de Pésières.
Hellin coupeur de bois dans la forêt.
Aimeri de Papegem.
Fulmerus Caseguens berger.
Garin berger.
Garin *Caritas*.
Gunzo *Tercor*.
Evrard d'Homblières.
Elebaldus cultivateur.
Gontier de Cambrai.
Gontier de Crespin.
Alveredus portier.
Raoul de Cambrai, père du cordonnier Alard et du convers Raoul le marchand, ainsi que d'Hugues, moine et prieur de l'église du Saint-Sépulcre de Cambrai, qui fut ensuite moine et prieur de Chaalis, de notre ordre.
Thibaud serviteur de *Ducissa* de Courtrai[97].
Fulcard de Masnières.
Fulcredus frère de Raoul *Matum*.
Guibert de Hainaut.

1165 de la sœur d'un certain Jean *Buliz*, citée dans une charte de Barthélemy, évêque de Beauvais, pour l'abbaye de Beaupré (Bibl. Nat. France, lat. 9973, fol. 25v-26r).

102[us] Gerardus de Bellomonte.
103[us] Ostredus hospitalis grangiae de Valcellis. [f. 277r/p. 21]
104[us] Humbertus hospitalis de Baudiual.
105[us] Hugo cognomento Puer.
106[us] Gillebertus de Creuecuer.
107[us] Ricardus infirmarius.
108[us] Radulfus Canutus.
109[us] Bernardus Podagricus.
110[us] Balduinus Lotheros.
111[us] Isbertus caducum morbum patiens.
112[us] Gillebertus Bisebos.
113[us] Godardus textor.
114[us] Godescalcus casearius.
115[us] Rainaldus sutor.
116[us] Helias Odo sutor.
117[us] Noel sutor.
118[us] Radulphus de Gardin.
119[us] Petrus opilio.
120[us] Tiuinnus.
121[us] Petrus pistor.
122[us] Rogerus.
123[us] Fulco uinitor.
124[us] Thiezo.
125[us] Fulco alius.
126[us] Warnerus.

[22] Venerabilis autem pater Radulfus inter caetera uirtutum bonorum operum[a] exercitia quibus communiter cum multis florebat, inter tot et tantas occupationes quibus ea quae supra diximus multaque alia aedificare atque perficere satagebat, in tantum claustri et diuini operis amator atque sectator fuit ut per annos fere[b] 17 quibus cum eo uiximus uix illum unquam tempore lectionis, siue festus, siue priuatus dies fuis-

a. bonorum operum *om. B.*
b. ferme *B.*

Gérard de Beaumont.
Ostredus hôtelier de la grange de Vaucelles.
Humbert hôtelier de Baudival.
Hugues dit l'Enfant.
Gilbert de Crèvecoeur.
Richard infirmier.
Raoul le Chenu.
Bernard le Goutteux.
Baudouin *Lotheros*.
Isbert qui souffrait d'épilepsie.
Gilbert Bisebos.
Godard tisserand.
Godescalc fromager.
Renaud cordonnier.
Elie-Odon cordonnier.
Noël cordonnier.
Raoul de *Gardin*.
Pierre berger.
Tivinnus.
Pierre boulanger.
Roger.
Foulques vigneron.
Thiezo.
L'autre Foulques.
Garnier.

[Le respect des heures]

22. Notre vénérable père Raoul, parmi les autres exercices des vertus et des bonnes œuvres dans lesquelles il brillait avec beaucoup d'autres, au milieu de toutes ses occupations si importantes et malgré toutes les autres choses qu'il s'efforçait d'édifier et d'achever, aimait et respectait tellement le cloître et l'œuvre de Dieu que, d'après notre mémoire, pendant les presque 17 ans que nous avons vécus avec lui il n'a presque jamais man-

set, extra metas monasterii procedendo horis canonicis defuisse nec post collationem[a] ad loquendum alicubi diuertisse memoria nostra recolat. Quod et si aliquando contigit, tam rarissime accidit ut merito ita debeat computari acsi non contigisset fieri. Nam[b] etiam tempore[c] laboris, imminente hora diuinae laudis et maxime uespertinae sinaxis, propter officium quod tunc agitur pro defunctis crebro ad ecclesiam reuertebatur. [f.277v/p. 22]

[23] Nam sicut horas uirginis matris, ita et officium defunctorum cantare solebat diebus constitutis[d]. Non solum autem in propria domo, uerum et in alia hoc faciebat[e]. Nam in Claraualle, cum[f] quadam die cum quibusdam abbatibus et monachis tempore laboris extra metas monasterii positi essemus, et ille hora uespertina imminente ad ecclesiam reuerteretur, suasi ei ut ibi remanens uesperas cum praesentibus decantaret[g]. At ille respondens : « Propter officium, inquit, defunctorum ad ecclesiam uado ». Sed et iter faciens plerumque litaniam in terra prostratus decantabat[h].

[24][i] Quod autem de collatione diximus, non solum ipse, sed et prior, cellerarius, subcellerarius et caeteri omnino tam officiales quam claustrales obseruabant, ut uidelicet nullus alicubi diuerteret, sed omnes pariter ecclesiam intrantes

a. collationem completorii *B*.

b. Num *C*.

c. *De* Quod et si *à* tempore*, remplacé en B par* Tempore etiam.

d. *De* Nam *à* constitutis*, om. B*.

e. *De* Non solum *à* faciebat : Non solum autem in propria domo seu monasterio, sed et in alio faciebat *B*.

f. dum *C*.

g. *De* suasi ei *à* decantaret : suasi est illi ut remaneret et uesperas cum praesentibus legeret *B*.

h. legebat *B*.

i. *L'ensemble du paragraphe 24 est remplacé en B par :* Inter metas monasterii libenter et patienter consistebat, continuo uacans aut sua negotia disponens sicque ad horam operis Dei cum fraternitate conueniebat.

qué les heures canoniales en sortant du monastère au moment de la lecture, que ce soit dans les jours de fêtes ou les jours ordinaires, ni ne s'est absenté après la collation pour parler. Et si c'est arrivé, ce fut tellement rare que c'est comme si ce n'était jamais arrivé. En effet, au moment du travail, lorsqu'approchait l'heure de la louange divine et surtout de l'office du soir, il retournait à l'église à cause de l'office qui est alors célébré pour les défunts.

23. Il avait en effet l'habitude de chanter aux jours fixés non seulement les heures de la vierge mère, mais aussi l'office des défunts[98]. Il agissait ainsi autant dans son monastère que dans les autres. Alors qu'un jour, à Clairvaux, nous nous trouvions avec quelques abbés et moines hors des limites du monastère à l'heure du travail, il se mit en route vers l'église un peu avant les vêpres. Je lui conseillai de rester là et de chanter les vêpres avec ceux qui étaient là. Mais il me répondit : « Je vais à l'église à cause de l'office des morts ». Et en chemin il chantait souvent la litanie allongé face contre terre.

24. Ce que nous avons dit de la collation, il n'était pas le seul à l'observer : le prieur, le cellérier, le sous-cellérier et tous les autres, aussi bien les officiers que les moines claustraux, en faisaient de même, de sorte que personne ne s'éloignait ailleurs, mais que tous, entrant ensemble dans l'église, accomplissaient l'œuvre de Dieu. Et bien qu'il sût et dît que certains abbés de

98. Bien que les Cisterciens fussent au départ assez réticents à insister sur la *memoria* des morts, ils mettent en place assez vite, sans doute aux environs de l'abbatiat de Raoul de Vaucelles, une messe hebdomadaire pour les défunts, célébrée le vendredi : M.-G. DUBOIS, « L'eucharistie à Cîteaux », p. 270.

opus Dei complerent. Quamuis autem sciret et assereret quosdam nostri ordinis abbates post nonam siue post refectionem extra metas proficisci et usque post uesperas uel etiam completorium demorari, nunquam tamen occasiones hujus commodi amauit, nec quaesiuit, nec habere uoluit, sed intra monasterium patienter atque libenter consistens aut lectioni uacabat, aut sua negotia disponebat, sicque ad horam operis Dei cum uniuersa fraternitate conueniebat.

[25] Tempore autem laboris officinas et alia loca intra et extra monasterium, scilicet extra abbatiam constituta, solus circuire solebat et quaecumque[a] per singula agerentur seu agi opporterent sollicite considerabat. Sicque alia approbando, alia uero corrigendo, omnia nimirum[b] sapienter atque prudenter siue secundum Deum siue secundum saeculum essent ordinare procurabat[c].

[26] In uia positus nequaquam[d] illum extra monasterium sicut ipse uerbo et opera asserebat demorari delectabat nec[e] ad grangiam quidem in qua ut quidam ferunt nunquam duabus simul noctibus mansit[f]. Proficiscente in uia, nullus comitabatur nisi is quem uiae comitem assumpserat ; reuertenti quoque nullus occurrebat quia reuertens de uia nequaquam extra portam, nequaquam ad grangiam coenobio proximam morabatur sed[g] statim claustrum ingrediens horis canonicis intererat, hora[h] canonica reficiebat. Memini me circa horam nonam cum illo ad colloquium episcopi Cameracum perrexisse, ipsaque die cum seruitori-

a. *De* Tempore autem *à* quaecumque : Officinas monasterii solus circuire solebat et quęque *B*.

b. nimirum *om. B*.

c. procurabat : satagebat *B*.

d. nunquam *B*.

e. ne *C*.

f. *De* ne ad grangiam *à* mansit, *om. B*.

g. *De* reuertenti *à* sed : reuersus quoque statim *B*.

h. Et hora *B*.

notre ordre sortaient des limites de leur monastère après none ou après le repas et demeuraient absents jusqu'aux vêpres, voire aux complies, il n'aima jamais prendre cet avantage, il ne le demandait pas et ne voulait pas en disposer. Au contraire, restant patiemment et volontiers à l'intérieur du monastère, il vaquait à la lecture ou arrangeait ses affaires, et retrouvait tous ses confrères lorsque c'était l'heure de l'œuvre de Dieu.

25. A l'heure du travail il avait l'habitude de faire, seul, le tour des ateliers et des autres lieux à l'intérieur et à l'extérieur du monastère, c'est-à-dire ceux qui étaient situés en dehors de l'abbaye, et il considérait avec attention tout ce qui s'y faisait ou qui aurait dû y être fait. Approuvant certaines choses, en corrigeant d'autres, il veillait à ce que tout fût ordonné avec sagesse et intelligence soit selon Dieu, soit selon le siècle.

26. En voyage, ainsi qu'il l'exprimait par les mots et par l'action, il n'aimait pas du tout demeurer hors du monastère, pas même dans une grange où, selon ce qu'on dit, il ne demeura jamais deux nuits de suite. Lorsqu'il était en voyage personne ne l'accompagnait, sauf celui qu'il avait pris comme compagnon de route ; à son retour personne n'allait à sa rencontre parce qu'il ne demeurait jamais à la porte ou dans la grange proche du monastère ; au contraire, entrant immédiatement dans le cloître, il allait aux heures canoniques et mangeait à l'heure fixée par la règle. Je me souviens être parti avec lui vers l'heure de none pour une rencontre avec l'évêque à Cambrai, et avoir dîné le soir même avec les serviteurs[99]. En agissant ainsi, il veillait au salut de sa vie et à la

99. Vaucelles est à deux ou trois heures de marche de Cambrai.

bus coenasse[a]. Haec itaque faciens et uitae suae salubriter et famae[b] [f. 278r/p. 23] decenter prouidebat ; subjectis autem ut claustra monasterii studerent amplecti suo exemplo uiuaciter atque conuenienter praemonstrabat[c].

[27] Ad uigilias, audito horologio, mox surgebat et primus omnium ostium aperiens etiam ante sacristam ecclesiam intrabat. Saepe enim[d] ante uigilias orationi uacabat[e]. Quibusdam uero, siue exigente necessitate, siue negligentia tardius occurrentibus exemplum proponebat deuotarum Christo foeminarum quae ante lucem surgentes ad sepulchrum illius uenerant, portantes quae parauerant aromata et unguenta, intimans quia sicut illae ad obsequium Domini festinantes et angelorum ipsius Domini uisione et allocutione consolari meruerunt, ita profecto et hi qui ad opus Dei festinant illudque deuote et alacriter agere student absque dubio diuina pariter et angelica praesentia uisitari et laetificari promerentur[f]. Unde et ipse seruus Christi feruentes et alacres in seruitio Dei ualde amabat, tepide uero et negligenter in eo sese habentes uehementer increpabat, illam Domini de Apocalipsi comminationem exprobrando eis frequenter objiciens : « Utinam, inquit, frigidus esses aut calidus, sed quia tepidus es, incipiam te euomere ex ore meo » (cf. Apoc., 3, 16). Plerumque uero de talibus exemplum hujusmodi proponebat, dicens : « Si caro cruda super ignem coquenda ponatur, facilius multoque citius coquitur quam illa quae ex igne semicocta extracta et jam tepefacta si denuo igni apponatur.

a. *De* Memini *à* coenasse : Quadam die hora nona Cameracensem episcopum adiit et eadem die in refectorio cum seruitoribus cęnauit *B*.

b. Haec itaque faciens uitae et famae suae salubriter et *B*.

c. Demonstrabat *B*.

d. Etiam *B*.

e. Instabat *B*.

f. *De* Quibusdam uero *à* promerentur *om. B*.

correction de sa réputation. Par son exemple il montrait en effet de manière vivante et convenable à ceux qui lui étaient soumis qu'il faut respecter scrupuleusement la clôture du monastère.

27. Pour les vigiles il se levait dès qu'il avait entendu l'horloge et comme il était le premier de tous à ouvrir la porte, il entrait dans l'église avant le sacristain. Souvent même il s'adonnait à la prière avant les vigiles. Il donnait ainsi, à ceux qui par nécessité ou par négligence arrivaient en retard, l'exemple des femmes dévouées au Christ, qui se levant avant l'aube étaient venues au tombeau du Seigneur en portant les aromates et les onguents qu'elles avaient préparés. Il disait que, de même qu'elles, qui s'étaient hâtées par respect pour le Seigneur, avaient mérité d'être consolées en voyant et entendant les anges du Seigneur, de même ceux qui se hâtent de venir à l'office et qui veillent à l'accomplir avec dévotion et zèle méritent sans aucun doute d'être visités et réjouis par la présence de Dieu et des anges. C'est pour cela que ce serviteur du Christ aimait beaucoup ceux qui étaient pleins de ferveur et de zèle pour le service de Dieu, et au contraire adressait de véhéments reproches à ceux qui se comportaient avec tiédeur et négligence. Les reprenant, il leur rappelait cette menace que le Seigneur prononce dans l'Apocalypse : « Quel dommage que tu ne sois ni froid ni chaud. Car parce que tu es tiède, je commencerai à te vomir hors de ma bouche ». Il leur proposait souvent des images à ce sujet, disant : « Si une viande crue est mise à cuire sur le feu, elle cuit mieux et plus vite que celle qui a été retirée du feu à moitié cuite et est remise au feu après avoir refroidi[100]. De même, disait-il, les laïcs récemment

100. Cf JÉRÔME, *Commentaire sur Isaïe*, livre 14, chap. 51, § 20, p. 572, l. 30) : *Qui inter vitia atque virtutes medius fluctuat et duplici corde accedit ad servitutem Dei, iste rectissimus vocatur beta semicocta, ad quem et in apocalypsi Ioannis loquitur Deus « Utinam aut calidus esses aut frigidus, nunc autem quia tepidus es, evomam te »).*

Simili modo, inquit, et saeculares nouiter conuersi facilius inardescunt in amore Dei et exercitium boni operis quam ii qui a feruore nouitio paulatim recedentes in teporem et torporem miserabiliter defluxerunt ». Si autem generaliter, ut fieri assolet, hoc opus ipsum Dei solito negligentius agi contingebat, ipse per chorum fratres excitando discurrebat, cantoribus et prioribus idipsum facere praecipiebat, iram Dei pro hoc formidandam, jamjamque affuturam praedicabat[a].

[28][b] Orationibus uero quae ante horas canonicas fiunt fratres adesse magnopere exhortabatur, dicens quia et si aliquis per se exaudiri non meretur, adjuncta tamen fratrum caterua, orationem illius admitti posse aestimatur. Ad hujus quoque rei testimonium tale adjungebat exemplum dicens : « Multis pauperibus conuocatis simulque congregatis nulli eorum eleemosina denegatur ; qui tamen si singulatim postularent aliquibus eorum aut non, aut difficile largiretur ». [f. 278v/p. 24]

[29] Idcirco, in diebus ejus, si quilibet propter colloquium hospitum orationem perdidisset, in capitulo reprehendebatur. Nam et ipsum cantorem pro hoc ipso reprehensum esse cognoscimus. Cantori nempe sacrista, necnon suppriori praesente priore nulla erat facultas, nulla generalis licentia claustrum egrediendi siue cuipiam loquendi nisi quemadmodum caeteris claustralibus quippe quorum officia pene omnia intra claustrum peraguntur. Hinc est etiam quod ipse supprior a Cluniacensibus claustralis prior uocatur, quia nimirum illi maxime cura incumbit in claustro assiduum esse et claustrum, hoc est claustrales, custodire, castigare, consolari, refouere et ueluti quemdam

a. *De* Plerumque uero *à* praedicabat *om. B.*
b. *Paragraphe non copié dans le ms. B.*

convertis brûlent plus facilement par amour de Dieu pour l'exercice des bonnes œuvres que ceux qui sont petit à petit retombés de leur ferveur initiale et se sont misérablement laissés aller à la tiédeur et la torpeur ». Si, comme cela arrive souvent, cette œuvre de Dieu était accomplie avec plus de négligence qu'il n'eût fallu, il adressait aux frères de grands discours dans le chœur, ordonnait aux chantres et aux prieurs d'en faire de même et annonçait qu'il fallait craindre à ce sujet la colère de Dieu.

28. Il exhortait avec force les frères à aller aux prières qui se font avant les heures canoniques, disant qu'il pensait que si chacun, à lui seul, ne méritait pas d'être exaucé, sa prière pouvait être reçue si s'ajoutait à lui la troupe des frères. Et pour rendre témoignage de cette chose il donnait cet exemple : « Lorsque de nombreux pauvres sont convoqués et rassemblés, l'aumône n'est refusée à aucun d'entre eux ; mais s'ils la demandaient individuellement, on ne la leur donnerait pas, ou très difficilement ».

[Le respect du silence]

29. De son temps, celui qui manquait la prière pour avoir discuté avec les hôtes était réprimandé en chapitre. Et nous savons que le chantre lui-même a été réprimandé à ce sujet. Ni le chantre en présence du sacristain, ni le sous-prieur en présence du prieur, n'avaient le droit ou la permission générale de sortir du cloître, ni de parler à qui que ce fût, sauf en fait aux moines claustraux, puisque les offices doivent presque tous s'accomplir à l'intérieur du monastère. C'est d'ailleurs pour cela que le sous-prieur est, chez les Clunisiens, appelé prieur claustral[101] : c'est à lui surtout qu'incombe la charge d'être assidu au cloître, de surveiller le cloître, c'est-à-dire les moines claustraux, de les punir, de les réconforter, de les aider et d'être comme un médiateur entre eux et l'abbé.

101. *Claustralis prior vicarius est majoris prioris per omnia*, dit Ulrich dans ses *Consuetudines Cluniacenses*, col. 740.

mediatorem inter ipsos et abbatem esse debere. Sciendum quod nemo licentiam hospitibus loquendi quaerere praesumebat, dicente praefato patre[a] : « Si contingat monacho patrem suum infra curtem uidere, ita se debet habere ac si illum non uidisset ». Et de hac etiam re istiusmodi exemplum proferebat, dicens : « Quamquam multum scire cupiamus quomodo se habeant fratres nostri de hoc saeculo egressi, tamen quia illis non licet ad nos uenire nec loqui nobiscum, ignoramus qualiter agatur cum illis. Ita profecto, inquit, ita et monachis abrenuntiatione saeculi professis omnique mundo mortuis nequaquam licet occasionem et licentiam uidendi et loquendi parentibus suis seu aliis hominibus quaerere, imo et fugere, quos utique constat propter Christum prorsus reliquisse ». Propterea saepe et multum mirati sumus id a nonnullis et aetate et conuersione longe inferioribus frequenter praesumere quod nos antiquiores ex paterna traditione et antiqua consuetudine nullomodo audemus facere. Immo etiam dum eos in talibus facile ad uotum exaudiri cernimus, et nos utique ad hoc similiter agendum proniores et ideo audaciores efficimur, existimantes non nobis debere negari, quod junioribus qui arctius sub disciplina jubentur restringi non solum petentibus facillime concedi, sed etiam non rogantibus ultro saepe uidemus offerri[b].

[30][c] Dominicis et festis diebus ad missam majorem aut in choro permanebat, aut in secretario ecclesiae contiguo secedens, usque post offerendam lectioni uacabat ; tunc etenim chorum repetens usque post communionem seu etiam finem missae orationi erat intentus. Denique nouimus quemdam [f. 279r/p. 25] ex nobis illum monuisse quatenus illam orationem cujus initium est *Juste judex Jesu Christe*

a. *De* Idcirco in diebus ejus *à* sciendum quod *om. B.*
b. *De* Et de hac etiam re *à* offerri *om. B.*
c. *Paragraphe non copié dans le ms. B.*

Il faut savoir que personne n'osait demander la permission de parler avec les hôtes, puisque ce père disait : « S'il arrivait qu'un moine voie son père dans la cour, il doit se comporter comme s'il ne le voyait pas ». Et lui-même l'expliquait par une image : « Bien que nous désirions beaucoup savoir comment vont nos frères qui ont quitté ce monde, cependant, parce qu'il ne leur est pas permis de venir à nous et de nous parler, nous ignorons ce qu'il advient d'eux. De même assurément, pour les moines qui ont fait profession de renoncer au siècle et qui sont morts au monde entier, il ne peut y avoir aucune occasion ou permission de chercher à voir leurs parents ou d'autres hommes ou à parler avec eux ; ils doivent plutôt les fuir, puisqu'il est clair qu'ils ont complètement renoncé à eux pour le Christ ». C'est pour cela que nous sommes souvent très étonnés de voir que de nombreux moines, de loin inférieurs à nous quant à l'âge et à la conversion, osent fréquemment ce que nous, plus anciens, en vertu de la tradition paternelle et d'une coutume ancienne, nous n'osons absolument pas faire. Bien plus : nous voyons qu'ils reçoivent si facilement cette permission que cela nous rend plus rapides et audacieux pour faire la même chose. Nous pensons en effet que ne doit pas nous être refusé ce qui non seulement est très facilement concédé à leur demande aux jeunes qui ont reçu l'ordre de vivre sous une discipline plus stricte, mais que nous voyons même très souvent offert à ceux qui ne le demandent pas.

[Assiduité à la messe]

30. Pendant la grand messe des dimanches et des jours de fête il restait dans le chœur ou bien, se mettant à l'écart dans la sacristie contiguë à l'église, il se plongeait dans la lecture jusqu'après l'offrande. Retournant alors dans le chœur, il se consacrait à la prière jusqu'après la communion ou à la fin de la messe. Nous avons su aussi qu'il avait averti l'un de nous de veiller à dire à la même heure la prière qui commence par « Jésus-Christ, juste

eadem hora dicere studeret, quod nimirum et aliquandiu fecit et aliquando hodieque facit. Si in infirmario fuisset, missam matutinalem cum caeteris infirmis atque officialibus, hoc est portario, subcellerario, coquo, infirmariis et refectoriis ex integro audiebat et si talis dies fuisset cum eis ad illam communicabat. Saepe autem uidimus etiam magnos cellerarios missae majori interfuisse et ad illam communicasse, licet matutinalem prius ex integro audissent. Missas etenim priuatas statim post primam cantari nequaquam propter officiales sed propter multitudinem sacerdotum statutum esse constat. Quod et ex libro usuum aperte intelligi potest in quo legitur : « Diebus quibus duae missae dicuntur, statim post primam cantare possunt ubi abbati uisum fuerit », et post pauca : « in quadragesima uero non cantent usque post offerendam ; qui tamen si ante majorem missam spatium habuerint, non permittantur missam ipsam dimittere ». Dum ergo dicitur « possunt cantare ubi abbati uisum fuerit etc. » manifeste innuitur propter multitudinem sacerdotum, non propter officiales, hoc esse concessum. Officiales autem missam matutinalem audire et ad illam communicare debere, in diuersis libri praefati capitulis reperitur.

[31][a] Hoc namque tempore Radulfi abbatis obseruabatur. Nemo quippe in diebus ejus quandiu missa in conuentu celebrabatur sub obtentu friuolae utilitatis siue

a. *Paragraphe non copié dans le ms. B.*

102. U. CHEVALIER, *Repertorium hymnologicum*, n° 9910 (= t. 1, p. 599).

103. *Diebus tamen quibus due misse cantantur, statim post primam possunt sacerdotes cantare privatim ubi abbati visum fuerit, exceptis missis ieiuniorum* (D. CHOISSELET et Pl. VERNET, *Les Ecclesiastica Officia*, p. 182 = 59, 3).

104. *Porro in quadragesima si festivitas in qua non laboramus per septimanam evenerit, non cantant nisi post offerendam. Quod si*

juge »[102], ce que celui-ci a fait, beaucoup et souvent, et fait encore aujourd'hui. Quand il était dans l'infirmerie, il entendait entièrement la messe matinale avec tous les malades et les officiers, c'est-à-dire le portier, le sous-cellérier, le cuisinier, les infirmiers et les réfectoriers, et si c'était un jour pour cela il communiait avec eux à la messe. Et nous avons vu souvent même de grands cellériers être présents à la grand-messe et y communier alors même qu'auparavant ils avaient entièrement entendu la messe matinale. Il apparaît en effet que ce n'est pas en fonction des officiers, mais à cause de la multitude des prêtres qu'il a été décidé que les messes privées pouvaient être chantées après prime. Et ceci peut être clairement compris grâce au livre des usages, dans lequel on peut lire : « Les jours où deux messes peuvent être dites, on peut chanter aussitôt après prime, quand cela convient à l'abbé »[103]. Et un peu plus loin : « En carême on ne chantera pas jusqu'après l'offrande ; cependant, ceux qui ont le temps avant la grand-messe, qu'il ne leur soit pas permis de manquer celle-ci »[104]. Et lorsqu'on dit « ils peuvent chanter quand cela paraît opportun à l'abbé », il est clair que cela a été concédé du fait de la multitude des prêtres, et non en faveur des officiers. On trouve en effet dans plusieurs chapitres du susdit livre du chapitre que les officiers doivent entendre la messe matinale et doivent y communier.

31. En effet, c'était ce qui était observé au temps de l'abbé Raoul. Car à cette époque personne, quand la messe était célébrée en présence de toute la communauté, ne se livrait au désoeuvrement ou au bavardage sous le prétexte d'un intérêt frivole ou d'une obligation, personne n'allait

habuerint spacium cantandi ante maiorem missam, non permittatur eis ipsam missam dimittere (D. Choisselet et Pl. Vernet, *Les Ecclesiastica Officia*, p. 182 = 59, 4 et 5).

necessitatis otiositati seu loquacitati uacabat, nemo ad colloquium hospitum pergebat, nemo uocabatur. Sed et si contigisset priorem uel quemlibet alium pro aliqua necessitate chorum exire, ea expleta statim reuertebatur. Unde et sanctae memoriae domnus Humbertus, prior quondam Claraeuallensis, postmodum uero primus abbas Igniacensis, cujus etiam mores et uitam sanctus pater noster Bernardus quodam sermone commendat, is, inquam, dum quadam uice priorem nostrum a missa uidisset educi, sollicite notauit et reprehendit, dicens non nisi pro magna necessitate priorem a missa euocari debere. Cum autem ista post mortem ejus paulatim transgredi coepisset, frequentes exinde clamores in capitulo fiebant. Et reuera omni [f. 279v/p. 26] uituperatione res esse uidetur, ut dum diuina et angelica solemnia digna celebrantur, tunc amplius humanis colloquiis, placitis atque temporalibus negotiis occupemur. Talia certe magis acedia mentis et tepore diuinorum quam aliqua utilitate seu necessitate actitari manifesta ratione produntur. Denique, si quaelibet magna uel etiam mediocris affuerit persona, siue sit ecclesiastica siue saecularis, tunc assueta postponuntur negotia et ad illam personam concurritur. Quis autem potentior, ditior, dignior, atque amabilior illo qui et nos creauit et pretioso sanguine redemit ? Reuera pro ipsius seruitio humana colloquia seu negotia differe nec infructuosum esse poterit, nec irremuneratum.

[32][a] Si quando autem aliqua negligentia de corpore et sanguine Domini accidebat, ualde metuebat, totus contremiscebat, diuinae indignationis iram atque uindictam monasterio imminere formidando credebat, et formidandum

a. *Paragraphe non copié dans le ms. B.*

105. Humbert, abbé d'Igny de 1127 ou 1128 à 1138 : J. B. E. CARRÉ, *Histoire de Notre-Dame d'Igny*, p. 42-64. À sa

discuter avec les hôtes, personne n'était appelé. Et s'il arrivait que, par nécessité, le prieur ou quelqu'un d'autre doive sortir du chœur, il y revenait aussitôt qu'il avait fini ce qu'il devait faire. C'est d'ailleurs pour cela que le regretté seigneur Humbert, d'abord prieur de Clairvaux, ensuite premier abbé d'Igny (notre père saint Bernard fait l'éloge de ses mœurs et de sa vie dans un sermon)[105], comme il voyait un jour notre prieur quitter la messe, prit soin de le remarquer et de le lui reprocher, disant qu'un prieur ne pouvait quitter la messe que s'il y avait une très grande nécessité. Après la mort de Raoul, on commença un peu à transgresser ces usages, et du coup il y eut de nombreuses plaintes en chapitre. Et certainement la chose mérite tout le reproche, puisque c'est lorsque les solennités divines et angéliques sont célébrées avec dignité, que nous nous occupons plus fortement des rencontres humaines, des procès et des affaires temporelles. Certes, et pour une raison manifeste, ces choses sont produites plus par une paresse de l'esprit ou par une tiédeur dans les choses divines que par une quelconque utilité ou nécessité. Car enfin, quand arrive une personne, de grande ou même de moyenne importance, qu'elle soit ecclésiastique ou séculière, on laisse aussitôt les activités habituelles et on court tous vers elle. Mais qui est plus puissant, plus riche, plus digne, plus aimable que celui qui nous a créés et nous a rachetés de son précieux sang ? Il est évident qu'il ne peut être ni infructueux, ni sans récompense, de différer les discussions ou les rencontres humaines pour son service.

[Le respect pour le corps et le sang du Seigneur]

32. Si, par négligence, il arrivait quelque chose au corps et au sang du Seigneur, il craignait et redoutait entièrement la colère de la fureur divine. Il croyait que la vengeance

mort Bernard prononça un *Sermo in obitu domini Humberti*, éd. *Sancti Bernardi Opera*, t. 5, p. 440-447.

dicebat. Propterea, dum quadam uice in ipsa die Paschae hujusmodi negligentia de sanguine Domini accidisset, cum magno cordis dolore multisque lacrimis rem ualde terribilem in conuentu fratrum retulit ad metuendum mortalibus supernae iracundiae terrorem memoratu dignam.

[33][a] Narrauit namque in Anglia quemdam fuisse praesbyterum cui de sanguine Domini negligentia contigit. De qua nimirum negligentia quia Deo digna facta non fuit satisfactio sequenti anno eadem ipsa die qua negligentia contigerat, cum mane sacerdos et populus surrexissent et uenissent ad ecclesiam ut in ea diuina celebrarentur mysteria, inuenerunt eam totam in cinere conuersam. Eadem namque nocte diuino judicio exusta fuerat et ita ut nullus omnino scire potuerit quando uel quomodo istud contigerit.

[34][b] Item ab aliis audiuimus in quodam coenobio regionis Saxonicae hostiam dominici corporis in terra cecidisse et minime inueniri potuisse. Quamobrem contigit ecclesiam igne consumi, quae post annos aliquot reaedificata, post paucos dies iterum igne consumpta est. Unde habitatores loci nimio moerore confecti ignorabant quid agere possent. Tandem eis diuina reuelatione innotuit hostiam sacrosanctam inter duos pauimenti lapides cecidisse et usque nunc illic esse, et ob hanc [f. 280r/p. 27] causam talia illis incommoda contigisse. Quaesita est et inuenta ita nimirum sana et integra et in suo adhuc candore permanens ac si eadem hora cecidisset illic.

[35][c] Quapropter magnopere curandum est ut pauimentum circa altaria nullas scissuras habeat, quia hoc idem periculum bis apud nos contigit. Primo quidem particula sacrae hostiae permodica secus altare cecidit, uixque inue-

a. *Paragraphe non copié dans le ms. B.*
b. *Paragraphe non copié dans le ms. B.*
c. *Paragraphe non copié dans le ms. B.*

de Dieu allait s'abattre sur le monastère, et il disait la craindre. Comme une fois, le saint jour de Pâques, il était par négligence arrivé un problème au sang du Seigneur, il rapporta une chose digne de mémoire devant la communauté des frères avec une grande douleur au cœur et beaucoup de larmes, pour faire craindre aux mortels la terreur de la colère divine.

33. Il raconta qu'il était une fois en Angleterre un prêtre dont la négligence causa un problème au sang du Seigneur. Et comme il n'avait pas fait à Dieu la satisfaction rendue nécessaire par sa négligence, un an jour pour jour après qu'il eut commis cette faute, alors qu'au matin le prêtre et le peuple s'étaient levés et étaient venus à l'église où on devait célébrer les saints mystères, ils la trouvèrent entièrement réduite en cendres. Cette même nuit en effet, elle avait été brûlée par un juste jugement divin, et d'une telle manière que personne ne pouvait savoir quand ou comment cela s'était produit.

34. De la même manière, d'autres personnes nous ont raconté que dans un monastère de Saxe une hostie du corps du Seigneur était tombée par terre et n'avait pu être trouvée. Du coup, l'église fut détruite par le feu. Après quelques années elle fut reconstruite, mais de nouveau, quelques jours plus tard, elle fut entièrement brûlée. Les habitants de l'endroit étaient pris d'une grande tristesse, mais ils ignoraient ce qu'ils pouvaient faire. Finalement, ils apprirent par une révélation divine qu'une sacrosainte hostie était tombée entre deux pierres du pavement et y était restée jusqu'alors, et que c'était pour cette raison que de si gros malheurs les avaient touchés. On la chercha et on la trouva entièrement saine et intacte et restée entièrement blanche, comme si elle y était tombée dans l'heure même.

35. C'est pour cela qu'il faut veiller à ce que le pavement autour de l'autel n'ait aucune fissure. Ce danger est d'ailleurs arrivé deux fois chez nous. Tout d'abord un morceau de la sainte hostie tomba à côté de l'autel et ne put que très

niri potuit. Alia uero uice hostia integra in terram cecidit, quae priusquam inueniretur quaerentium pedibus conculcata est. Si ergo pauimentum scissuras haberet, profecto periculum et damnum incendii quod in praescripto monasterio contigit et nobis utique accidere potuisset.

[36][a] Caueat autem sacerdos, dum alios communicat, ne sacras hostias extra meditullum patenae ponat, reclinando et quasi innitendo parti quae meditullo eminet, quia nullo signo inueniri potest, quando a diacono patena abluitur. Et quia de negligentia talis tantique sacramenti sermo se intulit, profuturum legentibus credo si uarias diuersorum negligentias ad commonitionem et cautelam ministrorum et aliorum maxime de flabello seruientium hic inseramus. Licet enim hujusmodi negligentiae casu nunquam, imo propter peccata inhabitantium credatur accidere, non minus tamen sollicite sed cum magna circumspectione caueri debet ne contingant ; si uero contigerint, digne Deo satisfaciat.

[37][b] Nouimus ergo quemdam sacerdotem et monachum hujus coenobii super calicem discoopertum sternutasse, ipsoque narium flatu sanguinem Domini commotum exilisse, et super altare superque uestimenta sacerdotis huc atque illuc effluxisse. Ad hoc dicimus quod cum sensisset sternutationem, non solum faciem in parte alia declinare, sed etiam calicem e manibus deponere debuisset, quoniam sternutatio plerumque non tantum caput concutit, uerum etiam manus et fere corpus totum commouere solet.

[38][c] Vidimus etiam, ualdeque doluimus, discooperto calice muscam in sanguine Domini sese immersisse, statimque euolasse. Et quia non potuit comprehendi, merito

a. *Paragraphe non copié dans le ms. B.*
b. *Paragraphe non copié dans le ms. B.*
c. *Paragraphe non copié dans le ms. B.*

difficilement être trouvé. Une autre fois, une hostie entière tomba par terre et avant d'être retrouvée, elle avait été écrasée par les pieds de ceux qui la cherchaient. De sorte que si le pavement avait eu des fissures, certainement le danger et les dégâts de l'incendie qui étaient arrivés dans le monastère dont j'ai parlé ci-dessus auraient pu nous arriver à nous.

36. Que le prêtre prenne donc garde, quand il donne la communion aux autres, à ne pas placer les hosties hors du milieu de la patène, en inclinant, voire en s'appuyant sur la partie plus élevée, parce qu'il n'y a aucun moyen de la trouver quand la patène a été lavée par le diacre.

Et puisque j'ai commencé à parler de la négligence à l'égard de ce sacrement, si grand et si important, je crois qu'il sera utile aux lecteurs que j'insère ici quelques négligences commises par diverses personnes, pour avertir et inciter à la négligence les ministres et surtout les serviteurs chargés du chasse-mouche. Car même si on croit que ce genre de choses n'arrive jamais du fait d'une telle négligence mais à cause des péchés des habitants, il n'en reste pas moins qu'il faut prendre garde avec soin et avec une très grande circonspection à ce qu'elles n'arrivent pas ; et si elles arrivaient, il faudrait faire satisfaction à Dieu d'une manière convenable.

37. Donc, nous avons appris que, comme un prêtre et moine de ce monastère avait éternué au-dessus du calice découvert, le sang du Seigneur, soulevé par le souffle du nez, s'était répandu ça et là sur l'autel et sur les vêtements du prêtre. Et à ce sujet nous disons que lorsqu'il sentit l'éternuement arriver, il aurait dû non seulement tourner le visage d'un autre côté, mais aussi poser le calice et le lâcher, parce qu'en général l'éternuement ne secoue pas seulement la tête, mais aussi les mains et presque tout le corps.

38. Nous avons vu aussi, et nous en avons beaucoup souffert, une mouche plonger dans le sang du Seigneur, dans un calice découvert. Une lourde pénitence fut imposée à toute la communauté des frères, parce qu'elle ne put être attrapée. En

grauis poenitentia injuncta est uniuerso fratrum conuentui. Nam si capi potuisset, prius in calice lauari, dehinc in piscina debuisset comburi. Hoc quidem semel Cameraci in ecclesia dominici Sepulchri, semel quoque [f. 280v/p. 28] accidit in hoc coenobio Valcellensi.

[39][a] Scimus etiam in praefato Sancti Sepulchri monasterio quemdam monachum, uenerabilem praesbyterum, mihi quoque carnis consanguinitate propinquum, araneam in sanguine Christi lapsam, pro dignitate et reuerentia tanti sacramenti fideliter glutisse, nihilque illum nocuisse. Item audiuimus, referente domino Willelmo, istius coenobii priore, quemdam praesbyterum in saeculari habitu constitutum simili modo araneam glutisse, postmodum uero per pedem illi exisse. Verum, quia miracula non sunt in exemplum operationis trahenda et de tali esu plerumque aut uomitus, aut etiam mors subsequi solet, hujusmodi uermes sicut supradiximus in calice lauari et in piscinam debent comburi.

[40][b] Praeterea, Walterus abbas Sancti Autberti Cameracensis coenobii, dum missam cantaret, infestationem a musca passus est ; quam cum de manu abigere uoluisset, percussit calicem et, quod sine tremore cordis et corporis referri et audiri non ualet, effudit Christi sanguinem. Erat autem illa die festiuitas beati Augustini, quae nimirum apud canonicos regulares celebris et solemnis habetur eo quod isdem doctor egregius ejusdem religionis institutor fuisse dignoscitur. Sed hoc contingente infortunio conuersa est eis festiuitas in luctum.

[41][c] Quid inter haec dicturi sunt ministri, qui de flabello debentes obsequi, dicto *Agnus Dei* cum caeteris nulli

a. *Paragraphe non copié dans le ms. B.*
b. *Paragraphe non copié dans le ms. B.*
c. *Paragraphe non copié dans le ms. B.*

effet, si on avait pu l'attraper, il aurait d'abord fallu la laver au-dessus du calice, ensuite la brûler dans un bassin. Ceci est arrivé une fois à Cambrai, dans l'église du Saint-Sépulcre, et une fois aussi c'est arrivé dans ce monastère de Vaucelles.

39. Au monastère du Saint-Sépulcre, un moine, vénérable prêtre, et qui m'est proche par un lien de sang, avait, en raison de la dignité d'un tel sacrement et par respect pour lui, avalé une araignée tombée dans le sang du Christ. Et cela ne lui a causé aucun dommage. De même, le seigneur Guillaume, prieur de notre monastère, nous a raconté qu'un prêtre séculier avait avalé une araignée dans des circonstances semblables, et qu'ensuite elle était sortie par son pied. Cependant, les miracles ne sont pas des exemples à suivre, et comme une telle nourriture entraîne le plus souvent soit des vomissements, soit la mort, il faut, comme nous l'avons dit, laver de tels insectes au-dessus du calice et les brûler dans le bassin.

40. Gautier, abbé de Saint-Aubert de Cambrai[106], fut dérangé par une mouche alors qu'il chantait la messe ; il voulut la chasser d'un geste de la main, mais frappa le calice et (le dire et l'entendre fait trembler le cœur et le corps) renversa le sang du Christ. C'était le jour de la Saint-Augustin[107], jour célébré avec solennité chez les chanoines réguliers, puisque c'est ce célèbre docteur qui a institué, comme on sait, leur forme de vie religieuse. Mais à cause de cet accident cette fête fut changée, pour eux, en lamentations.

41. Que pourront dire alors les serviteurs qui, devant se servir d'un chasse-mouches[108], se prosternent à terre après l'*Agnus Dei* pour prier avec ceux qui n'ont alors aucune charge à exercer, et qui abandonnent avec négligence et

106. Gautier, abbé de Saint-Aubert de Cambrai (avant 1117 – après 1155 : *GC*, t. III, col. 156), est cité à plusieurs reprises dans les chartes reçues par Vaucelles (*Chartes*, n° 1, 2, 5, 18, 19, 22, 23, 25, 114).

107. 28 août.

108. Le chasse-mouches liturgique, ou *flabellum*, est en usage depuis l'Église primitive : cf. J. LECLERCQ, *Flabellum ;* M. GROSS-

tunc officio deputatis sese in terra oraturi prosternunt et calice discooperto, muscis circumuolitantibus sacerdotem utraque manu hostiam salutarem tenentem in tali tantoque agone constitutum, non solum negligenter sed etiam insipienter relinquunt ? Non enim calice cooperto tanta incumbit necessitas abigendi muscas quantum discooperto. Qui nimium ministri et genua breuiter flectere, sed statim surgentes et sic stantes orare possunt, curantes omnimodis ne quid eorum quae supra scripsimus eorum negligentia contingat.

Ille autem qui fistulam tenet rectam in medio calicis tenere debet, quatenus si quid de ore sorbentis exierit, labio ejusdem fistulae recipiatur. Nam saepe illam quosdam nimis insipienter in parte inclinatam cum magno tremore conspeximus, quia si quid ex ore sorbentium laberetur non solum extra labium fistulae, uerum etiam extra calicem cecidisset. [f. 281r/p. 29] Oportet etiam ut uinum fistulae fundo calicis nequaquaquam adhaereat, ne forte ex eodem sacrosancto liquore spumas cum stridore in altum siue intra seu, quod absit, extra calicem salire faciat. Quoties uero uinum et ampulla in calice mitti oportet, studeat diaconus siue subdiaconus una manu pedem calicis tenere ne aliquo modo calicem moueri contingat, et exinde periculum proueniat cura.

Patenam uero in qua fractio hostiae salutaris facta est, flabellum nequaquam agitari debet, ne forte minutias sacrosanctae hostiae excutiat, quod nimirum cum tremore, quod absit, jam credimus accidisse. Si uero opus fuerit, manu potius reuerenter quam flabello muscae abigantur. Saepe autem uidimus prudentes uiros imprudenter agitantibus flabellum abstulisse. Est autem et aliud

MORGEN, « Fächer, liturgischer ». Voir aussi Ch. DU CANGE, *Glossarium*, t. 3, p. 515.

même sans sagesse le prêtre tenant des deux mains l'hostie salutaire et placé dans une situation aussi délicate, le calice étant découvert et des mouches volant tout autour ? Lorsque le calice est couvert, il n'y a pas la même nécessité de chasser les mouches que lorsque le calice est découvert. Ces serviteurs peuvent parfaitement faire une brève génuflexion, mais se redresser aussitôt pour prier debout, prenant soin que du fait de leur négligence il ne leur arrive une de ces choses que nous avons décrites ci-dessus.

Celui qui tient la paille doit la tenir droite au milieu du calice, pour que si quelque chose tombe de la bouche de celui qui avale, il le recueille par le bord de cette paille[109]. Nous avons en effet souvent vu avec une grande crainte certains la tenir inclinée en partie : car si quelque chose tombait de la bouche de ceux qui avalent, cela tomberait non seulement hors du bord de la paille, mais aussi hors du calice. Il faut aussi que le vin de la paille ne reflue jamais au fond du calice, pour ne pas que cela fasse monter de la mousse pétillante de ce sacrosaint liquide, que ce soit à l'intérieur ou (pourvu que cela n'arrive pas), à l'extérieur du calice. Chaque fois qu'il faut mettre le vin et l'eau dans le calice, que le diacre ou le sous-diacre prenne soin de tenir le pied du calice dans une main pour ne pas que le calice puisse bouger ; cette précaution évitera tout danger.

Il ne faut jamais que le chasse-mouches secoue la patène dans laquelle l'hostie salutaire est brisée, pour ne pas qu'il disperse des petits morceaux de la sacrosainte hostie, ce que nous croyons en tremblant – plût au ciel que non ! – s'être déjà produit. Si c'était nécessaire, qu'on éloigne les mouches avec délicatesse, plutôt de la main qu'avec l'aide du chasse-mouches. Nous avons en effet souvent vu des hommes sages reprendre le chasse-mouches à ceux qui l'agitaient imprudemment. Il y a aussi un autre danger, plus subtil

109. Sur l'usage de la paille liturgique pour donner le Sang du Christ aux communiants, voir R. BERGER, « *Fistula* » et Ch. DU CANGE, *Glossarium*, t. 3, p. 514.

periculum subtilius quidem, sed quo subtilius eo periculosius quia non aduertitur, et quoniam non aduertitur a quibusdam minime cauetur. Vidimus enim quemdam sacerdotem non attendentem patenam in qua fragmenta erant sacrae hostiae justa missale positam, quasi amens esset, plures simul quaterniones cum impetu uoluentem et reuoluentem. Non ignoramus autem sub tanta quaternionum agitatione minutias sacrosanctae hostiae exsufflare potuisse, imo credimus, quod Deus auertat, quia expulsae sint.

[42][a] Certe ista non sunt paruipendenda, sed cum magno tremore pensanda, summoque studio cauenda. Namque, uno in talibus etiam ignoranter delinquente, ira coelestis injuriae in omne corpus illius ecclesiae in qua talia contingunt effunditur et quidem plerumque flagellum Dei sentitur, sed causa penitus ignoratur. Idcirco quidam religiosi atque sapientes uiri quando tale infortunium contingit non solum poenitentiam subjectis indicunt, sed etiam hortantur exorare Deum, ut si quid inter eos latet quod oculos majestatis ejus offendat, protinus illis manifestare dignetur et ad honorem suum misericorditer emendare concedat. Asserunt etiam quia saepius tales negligentiae per manus innocentium quam reorum eueniunt. Quod si uerum est, ex magna dispensatione supernae pietatis fieri credimus. His etenim qui sibi in aliquo male sunt conscii, si quid tale contingeret nimia fortassis tristitia ex hoc absorberentur. Verum, dum aliis et non sibi contingit, de reatibus suis quo secretius eo deuotius et districtius sese afficiunt. Qui uero innocentes se esse credunt, et non sunt, dum quid hujusmodi accidit ab elationis suae fastu dejecti quo timidiores, eo humiliores et circumspectiores exinde efficiuntur. [f. 281v/p. 30] Si autem justi et uere sancti sunt, ut quos-

a. *Paragraphe non copié dans le ms. B.*

et d'autant plus dangereux que comme il est plus subtil on ne le remarque pas, et comme on ne le remarque pas certains s'n prémunissent très peu. Nous avons en effet vu un prêtre qui, ne prêtant pas attention à la patène posée à côté du missel et dans laquelle se trouvaient des petits morceaux de la sainte hostie, tournait et retournait avec énergie plusieurs cahiers à la fois, comme s'il était fou. Nous savons bien, ou plutôt nous croyons, qu'en tournant ainsi les cahiers il a pu souffler des petits bouts de la sacrosainte hostie, et pire encore (puisse Dieu l'en empêcher !), les faire tomber !

42. Il ne faut pas négliger cette question, mais au contraire y penser avec crainte et s'en prémunir avec le plus grand soin. En effet, quand un seul commet un manquement en la matière, même sans le savoir, la colère céleste causée par cette injustice se répand sur tout le corps de cette Église[110], et souvent dans ce cas le châtiment de Dieu se fait sentir alors même que la cause en est complètement ignorée. C'est pour cela que certains hommes religieux et sages, quand un tel malheur survient, ne se contentent pas d'infliger une pénitence à ceux qui leur sont soumis, mais exhortent aussi à implorer Dieu, pour qu'il daigne leur manifester s'il y a chez eux quelque chose de caché qui offense la majesté divine et qu'il leur permette de se corriger pour lui rendre honneur. Ils disent aussi que ces choses arrivent plus souvent par la main d'innocents que de coupables. Et si c'est vrai, nous croyons que cela se fait par la grande générosité de la charité divine. Car ceux qui sont conscients d'avoir commis quelque chose de mal en la matière, seraient plongés dans une tristesse extrême s'il leur arrivait quelque chose de tel. Et si cela arrive aux autres et non à eux-mêmes, ils s'affligent encore plus dévotement et fortement que secrètement pour leurs péchés. Quant à ceux qui se croient innocents et ne le sont pas, lorsque quelque

110. Sur la métaphore du corps de l'Église et son utilisation pour désigner le bâtiment ecclésiastique, voir IOGNA-PRAT, *La Maison Dieu*, p. 116.

dam procul dubio fuisse nouimus, ex afflictione certe qua se pro hac re quam non suo sed alieno uitio incurrerunt affligunt, justiores et sanctiores fiunt, quia secundum apostolum *diligentibus Deum omnia cooperantur in bonum* (Rm, 8, 28).

[43][a] Inter haec autem notandum quia cum graue gelu adesset, censebat et monebat omitti missas priuatas et maxime si carbones deessent, ne quod periculum propter frigus eueniret. In conuentu uero prohibebat uinum et aquam in calice mitti usque post euangelium. Audiuimus quoque personas ualde religiosas, abbates scilicet praeclarae famae, propter frigus missam omississe, allatis autem carbonibus ad illam se alacriter et deuote praeparasse. Nonnunquam uero uidimus post orationem dominicam a sacerdote manibus calefactis calicem a foris calefieri ; ab alio uero assumpto calice de altari super carbones inclinatum circumuolui. Hoc autem ultimum non imitandum commemoramus, sed cauendum quia omnino periculosum esse uidetur.

[44][b] Praeterea uasculum sacrum in quo quasi in sepulchro hostia dominici corporis seruatur cum magna diligentia omnique sollicitudine custodiri debere subjecta narratio docet. Legimus profecto quod diabolus Dominum nostrum Jesum Christum ante passionem suam assumpserit in montem excelsum, deinde in sanctam ciuitatem et supra pinnaculum templi statuerit ; at postquam resurrexerit et ascenderit in coelum, in sacramentum altaris tale quid per seipsum praesumpsisse nusquam legimus, nunquam audiuimus. Verumtamen quod per seipsum non praesumpsit, per membra sua quidquid potuit facere non omisit. Dimissis autem quae a judaeis, paganis, haereticis siue laicis falso christianis gesta legimus siue audiuimus, duo quae in coeno-

a. *Paragraphe non copié dans le ms. B.*
b. *Paragraphe non copié dans le ms. B.*

chose de semblable arrive, déchus de leur orgueil, ils en sont rendus plus humbles, plus prudents et plus circonspects. Mais s'ils sont justes et vraiment saints, comme nous savons sans aucun doute que certains l'étaient, l'affliction qu'ils s'infligent pour cette chose qu'ils encourent du fait non de leur faute, mais de la faute d'un autre les rendra plus justes et plus saints, parce que, selon l'apôtre, « pour ceux qui aiment Dieu tout contribue au bien ».

43. Il faut noter en outre que lorsqu'il y avait un gel sévère, l'abbé Raoul imposait de supprimer les messes privées, surtout si on manquait de charbon, pour éviter que le froid crée un danger. Et en chapitre il interdisait qu'on mette le vin et l'eau dans le calice avant l'évangile. Nous avons entendu aussi que des personnes très religieuses, en fait des abbés de très grande réputation, supprimaient la messe à cause du froid, puis s'y préparaient avec zèle et dévotion quand on y avait amené des charbons. Nous avons vu parfois qu'après la prière du Seigneur le prêtre, qui avait réchauffé ses mains, réchauffait l'extérieur du calice. Un autre, prenant le calice de l'autel, l'a fait tourner incliné au-dessus des charbons. Nous rappelons cela non pour qu'on l'imite, mais pour qu'on y prenne garde parce que c'est très dangereux.

44. Le récit ci-dessous enseigne que le vase sacré dans lequel l'hostie du corps du Seigneur est conservée comme dans un tombeau doit être gardé avec une grande diligence et une sollicitude entière. Nous lisons que le diable a fait monter notre Seigneur Jésus-Christ avant sa passion sur une montagne élevée, et ensuite au pinacle du temple dans la cité sainte. Mais nous n'avons jamais lu, nous n'avons nulle part entendu qu'après sa résurrection et son ascension au ciel, il ait tenté quelque chose de semblable contre le sacrement de l'autel. Cependant, même s'il n'osa pas le faire par lui-même, il n'oublia pas de faire tout ce qu'il pouvait par l'intermédiaire de ses agents. Laissant de côté ce que nous avons lu ou entendu avoir été fait par les juifs, les païens, les hérétiques ou les laïcs faussement chrétiens,

biis a uiris sacro religionis habitu indutis facta sunt exempla proferamus.

[45][a] Vidimus ergo quemdam monachum in quodam monasterio Cisterciensis ordinis qui certe quandiu conuentum teneri uoluit satis benigne, modeste ac socialiter sese cum caeteris habuit. Postmodum uero molestiam corporis incurrens, in infirmitorium positus est in quo diuturnae infirmitatis taedio affectus, in tantam tristitiam deuenit ut opus Dei et animae suae curam omnino negligeret. Cumque pro hoc argueretur, et ad emendationem hortaretur, moleste accipiens deterior fiebat. Quid plura ? Talis apparuit ut a sacri altaris communione arceretur. Quam scilicet sententiam grauiter ferens, quadam [f. 282r/p. 31] die, captata hora qua conuentus ad mensam sedebat, instigante et ducente diabolo, clam ad ecclesiam processit ; ad altare accessit, ausuque nimis temerario (erat enim gradu tantum subdiaconus) non deuotione sed furore plenus, indignis manibus sanctum uasculum accepit, sicque abcessit. Cumque de ecclesia exire uoluisset, horror inuasit illum et egredi non ualuit. Quod sentiens, jamque conuentum a refectorio redeuntem[b] audiens, saepefatum uasculum sub palla altaris quod juxta chori ostium situm est posuit et per dormitorium clam recessit. Ex hinc autem, de malis in pejora proficiens, ad extrema peruenit, in quibus tam obstinatus extitit ut nec debitoribus suis ueniam petentibus indulgere, nec ipse de suis erratibus confessionem nisi multum rogatus et quasi coactus facere uoluerit. Unde et absque salutis uiatico defunctus est. Verum, quia uel superficietenus confessus et sacro fuerat oleo inunctus, solitum obsequium illi est exhibitum. De isto autem siue pro isto quidam dixit « Amodo agno jam non excedam[c] ». Hoc uero dixit, quia frater iste

a. *Paragraphe non copié dans le ms. B.*

b. Redeunte *C.*

c. Exedam *C, difficile à comprendre et peut-être à lire* excedam.

nous donnerons deux exemples de choses qui ont été faites dans un monastère par des hommes revêtus du saint habit de religion.

45. Nous avons vu en effet un moine d'un monastère de l'ordre de Cîteaux qui certes, aussi longtemps qu'il voulut prendre part à la communauté, se comporta avec les autres doucement, modestement et de manière très sociable. Mais ensuite, tombant gravement malade, il fut placé dans l'infirmerie et fut profondément affecté par l'ennui de sa longue maladie. Il fut atteint d'une telle mélancolie qu'il en négligea complètement le service divin et le soin de son âme. On lui en faisait le reproche et on l'exhortait à se corriger, mais il écoutait cela avec aigreur et allait de plus en plus mal. Que dire de plus ? Il devint clair qu'il fallait l'écarter de la communion du saint autel. Un jour, supportant difficilement cette sentence, incité et conduit par le diable à l'heure où la communauté se mettait à table, il alla en cachette à l'église. Il s'approcha de l'autel, et avec une audace plus que téméraire (il n'était en effet que sous-diacre), plein non de dévotion mais de folie furieuse, il prit de ses mains indignes le saint vase et s'en alla. Mais lorsqu'il voulut sortir de l'église, l'horreur l'envahit et il ne put sortir. Comprenant cela, entendant déjà la communauté revenir du réfectoire, il plaça le vase sous la nappe de l'autel qui est situé près de la porte du chœur et sortit discrètement par le dortoir. Mais après cela, tombant de mal en pis, il arriva à ses derniers moments. Il s'y montra tellement obstiné que ce n'est qu'après de nombreuses demandes, et presque forcé à le faire, qu'il accorda son pardon à ceux qui étaient en tort avec lui et qui le lui demandaient et que lui-même confessa ses péchés. Et c'est pour cela qu'il mourut sans le viatique du salut. Cependant, parce qu'il s'était confessé, même superficiellement, et parce qu'il avait été oint de l'huile sainte, on lui accorda les obsèques habituelles. C'est de lui, ou plutôt pour lui, que quelqu'un dit « je ne m'éloignerai plus jamais de l'agneau ». Il dit cela

in primis aliquandiu quasi agnus satis mansuetus socialiter inter alios uero uixit, sequenti tempore asper ualde et obstinatus uitam finiuit.

[46][a] Audiuimus quoque quod in quodam coenobio regularium canonicorum fuerit quidam irregularis canonicus qui pro sua insipientia nusquam progredi licebat absque custodia. Hic saepe ad altare uolens accedere a suo reuocabatur custode. Quadam uero die, praefatum custodem cernens absentem, accessit ad altare, furatusque est hostiam dominici corporis. Quo redeunte ab altari, nutu diuino, custos suus obuiauit. Timens autem ne forte in sacramentum altaris aliquid excessisset, uocatis prioribus loci locutus est eis dicens : « Fratrem illum quem custodiendum accepi, modo uidi uenientem ab altari et timeo ne quid in sacramentum praesumpserit ». At illi conturbati et perterriti ad altare perrexerunt et quaerentes sacramentum Christi nihil inuenerunt. Tunc uocantes praefatum fratrem, blande sciscitari coeperunt quidnam de hostia sancta fecisset. Ille uero, plenus diabolo respondit dicens : « Illam hostiam a me quaeritis quam corpus Domini esse dicitis. Ego pro ea unam sauatam non darem ! » Dicebat autem sotularem qui pro sui uetustate et consumptione ita uulgariter appellari solet. Tunc illi, uestimenta ipsius perscrutantes, nihilque reperientes, etiam calceamenta disquirere coeperunt. Illo autem totis uiribus reluctante, ipsi magis insistentes, tandem in calceamento [f. 282v/p. 32] ejus sacrosanctam hostiam inuenerunt ; et, ut decebat, cum reuerentia sustulerunt, calceamentum uero in pariete ecclesiae incluserunt. Porro nefandum irregularem canonicum uirgis fortiter caesum a suo consortio expulerunt. Haec hactenus de negligentiis et periculis tanti sacramenti breuiter diximus, quatenus ista legentes agnoscant quanta illud cautela et diligentia tractandum sit atque seruandum.

a. *Paragraphe non copié dans le ms. B.*

parce que ce frère avait d'abord vécu comme un agneau, très doux et en bonne compagnie au milieu des autres, mais ensuite avait fini sa vie très dur et obstiné.

46. Nous avons entendu aussi que dans un monastère de chanoines réguliers il y avait un chanoine peu régulier qui, à cause de sa folie, ne pouvait aller nulle part sans être accompagné. Souvent il voulait aller à l'autel mais en était empêché par son gardien. Un jour cependant il s'aperçut que celui-ci était absent, alla à l'autel et vola l'hostie du corps du Seigneur. Mais par la volonté divine son gardien le croisa alors qu'il revenait de l'autel. Craignant qu'il ait fait quelque chose contre le sacrement de l'autel, il appela les principaux dignitaires du monastère et leur dit : « Ce frère que je dois surveiller, je viens de le voir descendre de l'autel et je crains qu'il ait osé faire quelque chose contre le sacrement ». Eux, troublés et terrifiés, allèrent à l'autel, cherchèrent le sacrement du Christ et ne trouvèrent rien. Ils appellèrent alors le frère en question et commencèrent à l'interroger doucement pour savoir ce qu'il avait fait de la sainte hostie. Mais lui, rempli du diable, leur répondit : « Vous me demandez cette hostie que vous dites être le corps du Seigneur. Mais moi je ne donnerais pas une savate pour elle ! » Il appelait ainsi, par ce mot populaire, un soulier vieux et abîmé. Les autres fouillèrent ses vêtements sans rien y trouver, puis commencèrent à inspecter ses chaussures. Il résista de toutes ses forces, ils insistèrent d'autant plus, enfin ils trouvèrent la sacrosainte hostie dans sa chaussure et, comme il convenait, ils la prirent avec respect et enfermèrent la chaussure dans le mur de l'église. Enfin, après l'avoir battu de verges, ils expulsèrent de leur compagnie ce coupable chanoine irrégulier.

Nous avons jusqu'ici parlé brièvement des négligences et des dangers liés à ce sacrement, afin que nos lecteurs sachent avec quelle prudence et quel soin il faut le traiter et le conserver.

[47] Nunc ad propositum reuertamur[a]. Pro benefactoribus nostris orare pater Radulfus[b] monebat pariter et jubebat[cc)], memorans et metuendum asserens illum sermonem quem dixit Dominus per Osee prophetam : « Peccata populi mei comedunt » (Os., 4, 8). Temporalem namque mercedem eleemosinas suas nobis largientibus retribuere nolebat, sed tantummodo spiritualem quae illis in aeternum prodesse posset beniuolentiam, uidelicet et orationem et si opporteret apud potentes, in causis dumtaxat justis, opem suae intercessionis[d].

[48] Unde et Simoni castellano[e] cum imperatore Conrado et rege Francorum Ludouico Jerosolimam profecturo, qui nimirum ab aliis ecclesiis non parum argenti acceperat, tres solummodo panes et unum caseum pro benedictione dedit, et ita in pace abire[f] dimisit.

[49] Hugoni quoque patri ipsius, hujus ecclesiae fundatori[g], dum guerram contra Cameracenses haberet, per nuntium roganti ut sibi stramen ad pastum equorum praeberet, abbas omnino denegauit, dicens se illi nihil daturum quamdiu urbem impugnaret ; respondente uero nuntio et dicente « cras et sequenti cras[h] erit pax » (erat autem, ni fallor, uigilia

a. *De* Haec hactenus *à* reuertamur *om. B.*
b. pater Radulfus *om. B.*
c. jubebat : instigabat *B.*
d. *De* beniuolentiam uidelicet *à* intercessionis *om. B.*
e. castellano fundatori nostro *B.*
f. abire *om. B.*
g. *De* Hugoni quoque *à* fundatori : Hugoni etiam patri ipsius Simonis, nostro etiam fundatori *B.*
h. et sequesti cras *om. B.*

111. Conrad III (1138-1152), ne fut en réalité jamais couronné empereur.

[Prières pour les bienfaiteurs et confraternités de prière]

47. Revenons maintenant à notre sujet. L'abbé Raoul nous exhortait à, et nous ordonnait de prier pour nos bienfaiteurs, rappelant cette parole redoutable que notre Seigneur a dite par la bouche du prophète Osée : « Ils mangent les péchés de mon peuple » (Osée, IV, 8). Il refusait en effet de donner une récompense temporelle à ceux qui nous donnaient leurs aumônes, mais leur donnait sa bienveillance spirituelle, c'est-à-dire la prière, qui pouvait leur être utile pour l'éternité ; et si c'était nécessaire, il leur donnait le secours de son intervention auprès des puissants, pourvu que leur cause fût juste.

48. C'est pour cela qu'il ne donna que trois pains et un fromage comme bénédiction au châtelain Simon, qui partait pour Jérusalem avec l'empereur Conrad[111] et le roi Louis[112] et avait reçu de grandes quantités d'argent de la part d'autres églises[113], et il le laissa ainsi partir en paix.

49. Alors que le père de Simon, Hugues, fondateur de notre église, était en guerre avec les Cambrésiens[114] et par l'intermédiaire d'un messager lui demandait de la paille pour le fourrage des chevaux, l'abbé la lui refusa catégoriquement, disant qu'il ne lui donnerait rien aussi longtemps qu'il attaquerait la ville. Comme le messager lui répondait que « demain et après-demain il y aura paix » (sauf erreur de

112. Louis VII, roi de France (1137-1180).

113. Il s'agit donc ici du départ à la 2e croisade en 1147.

114. Peut-être s'agit-il de la grave dispute, racontée par LAMBERT DE WATTRELOS, *Annales Cameracenses*, p. 514-515, qui eut lieu en 1138 entre les citoyens de Cambrai et Simon (mais aussi Hugues) d'Oisy. Lambert place l'écrasement de cette révolte au 17 janvier, mais la chronologie complète de l'affaire n'est pas très claire.

parenthesis Omnium Sanctorum)[a], respondit abbas et dixit « Nihil dabo illi ne particeps peccati ejus[b] efficiar ». Hinc ergo bene aduertendum est quid extraneis faceret, dum in tanta necessitate hujus coenobii fundatoribus nihil dare uoluerit[c].

[50][d] Igitur quoniam breuiter monstrauimus quod aut nihil aut parum temporalium benefactoribus nostris reddiderit, referamus etiam quid eis spiritualium contulerit : pro benefactoribus ergo adhuc in carne uiuentibus indixit singulis sacerdotibus unam missam infra hebdomadam cantare, aliis uero septem psalmos. Pro canonicis uero Beatae Mariae Cameracensis ecclesiae qui[e] duos modios *brais* ad faciendum cereuisiam et unum millenarium piscis qui uocatur *hareng* annuatim dare soliti sunt, quique [f. 283r/p. 33] etiam 3[am] partem terragii unius carrucatae terrae apud Fereres concesserunt sub censu 6 denariorum in festo sancti Lucae quotannis soluendorum, semperque ecclesiam Valcellensem honorare et suo consilio et auxilio manutenere studuerunt, statuit ut dum quilibet eorum de hoc saeculo migrasset, unum officium in conuentu fieret, id est ut collecta ad officium defunctorum pro illo diceretur et missa in conuentu.

[51][f] Eodem quoque modo septem officia censuit fieri pro monachis Sancti Petri Altimontis, sed et in commemoratione parentum memoriam eorum scribi fecit, quia nobis terram quamdam juxta Baudiual sub censu 4[or] denariorum

a. *De* erat autem *à* Sanctorum *om. B.*
b. ejus peccati *B.*
c. *De* Hinc ergo bene *à* uoluerit *om. B.*
d. *Paragraphe non copié dans le ms. B.*
e. qui *om. C.*
f. *Paragraphe non copié dans le ms. B.*

115. Le terme de *parenthesis* pose problème ici. Le *Novum glossarium*, fascicule *Paniscardus-Parrula*, col. 339-340, ne connaît que les sens de « texte intercalé » et de « couche intermédiaire

ma part, c'était alors la veille de la trêve[115] de la Toussaint), il répondit « Je ne lui donnerai rien pour ne pas devenir complice de son péché ». Et par là on peut comprendre comment il pouvait agir à l'égard d'étrangers, s'il n'avait rien voulu donner aux fondateurs de notre monastère dans une telle nécessité.

50. Puisque nous avons brièvement expliqué qu'il ne donnait rien de temporel, ou presque, à nos bienfaiteurs, nous pouvons dire ce qu'il leur donnait de spirituel : il imposa à chaque prêtre de chanter une messe par semaine pour ceux qui étaient vivants, sept psaumes pour les autres. Pour les chanoines de l'église Notre-Dame de Cambrai, qui avaient pris l'habitude de donner chaque année deux muids de *brais* pour faire de la bière et un millier de poissons qu'on appelle harengs, qui nous avaient donné le tiers du terrage sur une charruée de terre à Ferrières contre un cens de six deniers à payer chaque année à la Saint-Luc[116] et qui eurent soin d'honorer toujours l'église de Vaucelles et de la défendre par leur conseil et leur aide, il ordonna que lorsque l'un d'eux quitterait ce monde, un office serait fait en commun, c'est-à-dire que l'on dirait pour lui la collecte de l'office des défunts, et la messe conventuelle.

51. De la même manière, il décida que sept offices seraient faits pour les moines de Saint-Pierre d'Hautmont, et il fit écrire leur mémoire dans la commémoration des parents, parce qu'ils nous avaient donné une terre près de

entre deux substances ». D. P. CARPENTIER, *Glossarium novum ad scriptores medii aevi*, t. 3, col. 173, avance le sens de *solemnitas*, mais à partir de ce seul passage : « Gesta Mss. abbat. Valcell. : *Erat autem tunc, ni fallor, vigilia parenthesis Omnium Sanctorum »*. Ce sens, aucunement attesté ailleurs, est cependant peu probable. Sans doute s'agit-il d'un emploi figuré du sens de « texte intercalé », c'est-à-dire de parenthèse, d'interruption, ici de trêve.

116. La charte donnée en 1143 par le chapitre cathédral notifie la donation du tiers du terrage sur une charruée sise à Ferrières (*Chartes*, n° 10, p. 68-69). Aucune charte cependant ne mentionne le don du brassin ou des harengs.

dederunt. Ipsi quoque eadem 7 officia pro nobis morientibus faciunt.

[52][a] Quodam autem tempore, iter faciens cum abbate Cisterciensi nomine Raynardo, hospitatus est Lauduni in coenobio Sancti Vincentii, ubi rogatus ab abbate illius loci nomine Anselmo, quem postea Eugenius papa 3[us] consecratum ecclesiae Tornacensi episcopum praefecit, statutum est ab utroque abbate quoddam seruitium pro inuicem fieri, hoc est ut et nos pro monachis ejusdem coenobii 3[a] officia faceremus, et illi similiter pro nobis. Haec autem concessio facta est praescripto abbate Cisterciensi fauente. Omnes autem istae constitutiones post ejus transitum a successoribus ipsius interdictae sunt, et maxime mutatis usibus in quibus statutum est semel in hebdomada missam pro defunctis in conuentu celebrari, nisi forte solemne officium occurrerit uel praesens defunctus fuerit. Olim namque juxta numerum epistolarum et euangeliorum quater in hebdomada missa pro defunctis in conuentu cantabatur, nisi proprium officium in graduali designatum hoc impedisset.

[53][b] Illud quoque quod pro benefactoribus uiuentibus statuit pater Radulfus, etiam in Claraualle a sancto Bernardo pro comite Theobaldo et caeteris familiaribus fuerat institutum, sed modo nequaquam credimus obseruari, quippe quoniam 30 missae et totidem psalmi *Miserere mei Deus* per uniuersum corpus totius ordinis generaliter annuatim pro cunctis benefactoribus nostris dicuntur.

a. *Paragraphe non copié dans le ms. B.*
b. *Paragraphe non copié dans le ms. B.*

117. Voir la charte donnée en 1137 par Galbert, abbé d'Hautmont, et le chapitre de cette abbaye (*Chartes*, n° 3, p. 60-61). Cependant, aussi bien cette charte que sa confirmation en 1138 par l'évêque de Cambrai Nicolas (*Chartes*, n° 4, p. 61-62) ne parlent que d'un cens de deux deniers.

Baudival contre un cens de 4 deniers[117]. Et eux disent également pour nos morts sept offices.

52. Un jour, faisant route avec l'abbé de Cîteaux Renard, il fut accueilli à Laon, au monastère Saint-Vincent. À la demande de l'abbé de ce lieu, Anselme, que par la suite le pape Eugène III fit consacrer évêque de Tournai, il fut décidé par les deux abbés qu'un service serait fait l'un pour l'autre, c'est-à-dire que nous dirions trois offices pour les moines de St-Vincent de Laon et eux de même pour nous[118]. Cet accord fut fait avec l'approbation de l'abbé de Cîteaux. Cependant, toutes ces constitutions furent interdites après sa mort par ses successeurs, en particulier à l'occasion du changement des usages selon lesquels il fut décidé que toute la communauté célèbrerait la messe pour les défunts une fois par semaine, sauf s'il y avait un office solennel ou s'il y avait un décès. Autrefois en effet, selon le nombre des épîtres et des évangiles, la communauté chantait la messe pour les défunts quatre fois dans la semaine, sauf si un office propre indiqué dans le graduel l'en empêchait.

53. Ce que l'abbé Raoul avait décidé pour les bienfaiteurs vivants, saint Bernard l'avait aussi institué à Clairvaux pour le comte Thibaud[119] et d'autres familiers. Mais aujourd'hui nous croyons que ce n'est plus du tout observé, puisque le corps entier de tout notre ordre dit chaque année pour tous nos bienfaiteurs 30 messes et autant de miséréré[120].

118. Renard ayant été abbé de Cîteaux de 1133/34 à 1150, et Anselme abbé de Saint-Vincent de Laon de 1129 (après le 15 mars) au 10 mars 1146, date de son accession à l'évêché de Tournai (*GC*, IX, col. 577-578), l'événement relaté ici est datable de 1133/1134 à 1146.

119. Une lettre de Bernard suggère qu'en effet, l'abbaye de Clairvaux avait concédé à Thibaud une fraternité particulière : cf. TRUAX, « *Miles Christi* », p. 314.

120. Il n'y a rien au sujet de ces messes pour le comte Thibaud dans D. VACANDARD, *Vie de saint Bernard*, p. 256-264. La seule autre indication connue à ce sujet, pour le XIIe siècle, est une

[54][a] Substantiam monasterii in rebus uariis negligenter tractantes dure increpabat, conquerens quoniam usui fratrum necessaria quae ille cum magna anxietate procurabat, nonnulli paruipendentes custodire non curabant. Plerumque uero narrabat quia cum esset in cella nouitiorum quesierit a magistro suo domno scilicet Willelmo[b], qui postea fuit 1[us] abbas Riaeuallis, quanto tempore botas suas seruare debet, et ille respondens « Decem, inquit, annis botae istae sufficiant tibi ». Aliquando autem negligentibus ad memoriam reuocabat, illud exemplum de gestis patrum [f. 283v/p. 34] in quibus legitur quod quidam frater pro tribus lenticulae granis quae ei ad coctionem festinanter praepararet de manibus elapsa fuerant ab oratione suspensus est. Ab oratione uero suspendi non aliud intelligimus quam illud quod beatus Benedictus dicit : « Is autem frater qui grauioris culpae noxa[c] tenetur, suspendatur a mensa simul et ab oratorio ». Si igitur pro tantillo damno tam grauis poena imposita est, quid sentiendum est de tantis damnis quae toties apud nos contingunt, uidelicet fractione et perditione utensilium, ferramentorum, uestimentorum, aliarumque rerum ? Propterea, saepedictus pater, hoc exemplo instructus, nimia quoque negligentium incuria permotus, qui inter caetera negligentiae suae damna etiam dum se calefacerent sotulares suos exurebant, statuit ut quicumque sotulares suos exussissent tribus sextis feriis, siue, ut quidam ferunt, una sexta feria,

a. *En B l'ensemble du paragraphe est résumé :* Statuit semel uenerabilis pater ut quicumque ex fratribus sotulares caligas aut calseos suos calefaciendo exuriret sexta feria in pane et aqua jejunando satisfaceret. Ipse autem abbas hanc negligentiam primus incurrit et pęnam quam subjectis imposuerat ipse prior exsoluit
b. Wisselino *C*.
c. noxia *C*.

mention dans un manuscrit de Vauclair datant de la seconde moitié du siècle (WADDELL, *Twelfth-Century Statutes*, p. 642).

[Le respect du matériel monastique]

54. Il invectivait durement ceux qui maltraitaient les biens du monastère, quelle que fût leur nature, se plaignant que quelques négligents ne se soucient pas de conserver les biens nécessaires au monastère qu'il obtenait, lui, au prix d'une grande angoisse. Souvent aussi il racontait qu'alors qu'il était dans le monastère de novices, il avait demandé à son maître, Guillaume, qui par la suite devint le premier abbé de Rievaulx[121], combien de temps il devait garder ses bottes. Et l'autre lui avait répondu : « Ces bottes devraient te suffire pendant dix ans ! ». Quelquefois aussi il rappelait aux négligents cette anecdocte des actes des pères, dans lesquels on lit qu'un frère avait été exclu de la prière parce qu'il avait laissé tomber de sa main trois grains de lentilles qu'il préparait hâtivement pour la cuisson[122]. Être exclu de la prière, nous ne comprenons pas cela autrement que selon ce que dit saint Benoît : « Le frère qui est considéré comme coupable d'une faute plus lourde sera exclu de la table et en même temps de l'oratoire »[123]. Si donc pour un si petit dommage une peine aussi lourde est imposée, que faut-il penser de tous les dommages qui arrivent chez nous tous les jours, comme la casse ou la perte des outils, des pièces de métal, des vêtements et des autres choses ? Pour cette raison l'abbé Raoul, instruit par cet exemple et ému par l'extrême incurie des négligents qui entre autres dégâts dus à leur négligence brûlaient leurs chaussures lorsqu'ils se réchauffaient, décida que ceux qui brûleraient leurs chaussures devraient faire pénitence au pain et à l'eau pendant trois vendredis, ou, selon ce que disent certains, un vendredi. On dit aussi qu'après

121. Guillaume, premier abbé de Rievaulx (1132-1145 : Knowles et al., *The Heads*, p. 140). La graphie *Wisselino* s'explique sans doute par une faute de lecture, les deux « l » étant pris pour des « s » et les trois jambages du « m » pour « in ».

122. Cf. Jean Cassien, *De institutis coenobiorum*, IV, 20, *De tribus lenticulae granis ab oeconomo repertis*, p. 60).

123. Benoît de Nursie, *Regula*, XXV, 1, t. 2, p. 546.

in pane et aqua paenitendo satisfaceret. Fertur autem quia, indicta ista poena, ipse abbas hanc negligentiam primus incurrit, et poenam quam subjectis imposuerat ipse prior exsoluit. Non enim erat de illis qui *dicunt et non faciunt*, qui *alligant onera grauia et importabilia et imponunt in humeros hominum, digito autem suo nolunt ea mouere* (Mat., 23, 3-4). Immo uere discipulus et uicarius erat illius de quo scriptum est quia *coepit Jesus facere et docere* (Act., 1, 1). Ipse quoque quolibet uadens, si quid in terra negligenter jacere uidisset, uerbi gratia laterem uel aliud hujusmodi, non praeteribat sed se inclinans manu sua leuabat et in loco apto ponebat. In hyeme etiam aquam in scutellis dimittentes arguebat et euacuari jubebat ne gelu frangerentur. Quibusdam uero sotulares suos saepius quam oporteret unguentibus, statuit terminum 40 dierum ne quis uidelicet infra hunc terminum ungere praesumeret, nisi forte interim resarcirentur ; quod nimirum apud nos usque hodie obseruatur. Censebat autem hoc opus caeteraque huic similia magis pluuiali tempore fieri, quando conuentus foras exire non ualet. Unde et olim mos erat ut prior ad laborem tabula percussa stans in ostio auditorii cunctis audientibus diceret : « Si quis necesse habet aliquid facere, modo faciat ». Tunc uero plures simul sotulares suos ungebant, pedules abluebant, uestimenta reficiebant, aliaque sibi necessaria faciebant[c].

[55] Ubertatis tempore nequaquam prodigus erat aut stirpator substantiae monasterii sui, sed prudenter et cum magna cautela cuncta agebat, ita ut etiam frumentum trium siue[a] 4[or] annorum exemplo patriarchae Joseph reconde-

a. seu *B*.

124. C'est en effet dans l'*auditorium* que le prieur, après avoir appelé les frères, leur répartissait le travail : CHOISSELET et VERNET, *Les Ecclesiastica Officia*, p. 220 = § 75, n° 4.

avoir imposé cette peine l'abbé lui-même fut le premier à faire preuve de cette négligence, et fut aussi le premier à subir cette peine qu'il avait imposée à ceux qui lui étaient soumis. Car il n'était pas de ceux « qui disent et ne font pas, qui fixent des charges lourdes et insupportables et les imposent sur les épaules des hommes mais ne veulent pas les bouger de leurs doigts ». Au contraire, il était vraiment disciple et vicaire de celui dont il est écrit que « Jésus commença à faire et à enseigner ». Lorsqu'il marchait, peu importe où, et qu'il voyait quelque chose qui traînait négligemment par terre, comme une brique ou quelque chose de ce genre, il ne passait pas outre mais se penchait, le ramassait de sa main et le déposait à l'endroit approprié. En hiver il critiquait ceux qui laissaient de l'eau dans les écuelles et leur ordonnait de vider celles-ci pour ne pas qu'elles soient brisées par le gel. Comme beaucoup graissaient leurs chaussures plus souvent qu'il n'était nécessaire, il fixa un terme de 40 jours, interdisant que quelqu'un ose graisser ses chaussures avant la fin de ce délai sauf si entre temps elles devaient être réparées ; et cela est encore observé chez nous de nos jours. Il jugeait aussi que ce travail, et d'autres semblables, devaient plutôt se faire par temps de pluie, quand la communauté ne peut sortir. Aussi à l'époque la coutume était-elle qu'au moment du travail le prieur, ayant frappé la cloche, se tienne devant la porte du parloir[124] et dise à tous : « Si quelqu'un a besoin de faire quelque chose, qu'il le fasse ». Et alors les uns graissaient leurs sandales, les autres lavaient leurs guêtres, d'autres encore réparaient leurs vêtements, bref chacun faisait ce qui lui était nécessaire.

[Prévoyance et générosité]

55. En période d'abondance il ne versait pas dans la prodigalité ni ne gaspillait les biens du monastère[125], mais

125. Cf. Benoît de Nursie, *Règle*, XXXI, 12, t. 2, p. 558 : *Neque avaritiae studeat, neque prodigus sit et stirpator substantiae monasterii*. Le passage concerne le cellérier.

ret (cf. Gen., 41, 34-36), expectans tempus quando in usus fratrum simul et pauperum utiliter expendi posset. [f. 284r/p. 35] Egestatis uero tempore strenue atque utiliter erogabat quod tempore abundantiae caute atque sapienter seruauerat, subjectis quidem[a] solitum uictum atque uestitum sufficienter praebens, pauperibus panem cum pulmento ad sustentationem tribuens, peregrinantibus et nutrientibus cuncta in cibo et potu necessaria affectuose largiens. Sed et hospitibus more solito omnem humanitatem alacriter exhibens et[b] ita ut nec pro his expensis[c] domus Dei debitis oneraretur, nec ex nota tenaciae bonae opinionis odor minueretur, immo ex largitate eleemosinae quotidie magis ac magis augmentaretur.

[56] Ideo quodam famis tempore Nicolaus episcopus et Simon[d] castellanus, cernentes grangiam tritico pene uacuam tantamque pauperum multitudinem, scilicet plus quam 5000, quotidie pane et pulmento sustentari, exceptis his quae infirmis, praegnantibus quoque et nutrientibus super impendebantur, obstupuerunt et, timentes ne nobis uictus deficeret, monuerunt abbatem ut quemdam certum[e] numerum pauperum retinens alios omitteret. « Nam si uobis, inquiunt[f], uictus defecerit, nos nequaquam habemus unde uos sustentare ualeamus ». Abbas autem hilari uultu respondens[g] : « Absit, inquit, ut hoc faciamus ! Sed

a. quidem *om. B.*
b. et *om. B.*
c. expensis his *B.*
d. Simon predictus *B.*
e. certum quendam *B.*
f. aiebant *B.*
g. respondit *B.*

126. L'épisode évoqué ici se situe donc entre 1136, date de l'accession de Nicolas à l'épiscopat, et 1151, date de la mort de l'abbé Raoul. Il est possible qu'il s'agisse de la famine évoquée pour l'année 1144 par Lambert de Wattrelos, *Annales*

agissait avec sagesse et beaucoup de prudence, au point qu'à l'exemple du patriarche Joseph il conservait du froment pour trois ou quatre années, attendant le moment où il pourrait le dépenser utilement pour les frères et les pauvres. En période de disette il distribuait avec diligence et en fonction de l'utilité ce que par prudence et sagesse il avait mis de côté durant l'abondance. A ceux qui lui étaient soumis il donnait en suffisance le vivre et le vêtement habituels, pour la nourriture des pauvres il donnait le pain et la garniture nécessaires, aux voyageurs et aux femmes allaitantes il dispensait tout ce qui était nécessaire pour la nourriture et la boisson. Aux hôtes, selon la coutume, il montrait avec zèle son humanité, de telle sorte que sans écraser la maison de Dieu sous les dettes, l'odeur de sa bonne réputation n'était pas diminuée par un soupçon d'avarice, mais qu'au contraire elle augmentait de jour en jour du fait de la générosité de l'aumône.

56. C'était à un point tel que lors d'une famine l'évêque Nicolas et le châtelain Simon[126], voyant qu'il n'y avait presque plus de froment dans notre grange, et qu'on nourrissait quotidiennement de pain et de garniture un si grand nombre de pauvres, plus de 5000 personnes, sans compter ce qu'on donnait aux malades, aux femmes enceintes et aux allaitantes[127], furent stupéfaits. Craignant que nous n'en venions à manquer de nourriture, ils conseillèrent à l'abbé de garder un certain nombre de pauvres et d'abandonner les autres. « En effet, dirent-ils, si vous manquez de nourriture nous n'aurons jamais de quoi pouvoir vous sustenter ! » L'abbé leur répondit en souriant : « Jamais nous ne

Cameracenses, p. 515-516, non mentionnée par H. VAN WERVEKE, *De middeleeuwse hongersnood*.

127. La mention des femmes enceintes et des nourrissons est une référence implicite à la phrase prononcée par le Christ (*Vae autem praegnantibus et nutrientibus in illis diebus :* Mt, 24, 19 ; Mc, 13, 17 ; Lc, 21, 23) : Dans la base de données de la *Library of Latin Texts*, presque toutes les occurrences de ces deux mots mis ensemble sont des citations de ce passage évangélique.

quamdiu frumentum affuerit, dabimus cunctis aduenientibus. Si autem triticum[a] defuerit, tunc mactabimus oues et boues caeteraque animalia et in commune uescemur ». Hoc uero non idcirco dixit quod fratribus carnes ad uescendum dare uellet, sed quia confidebat in Deo de eodem frumento nos omnes esse sustentandos, quod et factum est. Nam Deo largiente et ipso sancto patre prudenter et cum discretione omnia disponente et animalia non sunt occisa, et nos omnes cum hospitibus et pauperibus uetera comedimus et superfuerant[b] adhuc ita ut nouis superuenientibus pauperes cum alacritate et gratiarum actione ad propria remearent. Quod eo[c] mirandum et diuino muneri adscribendum, quia in possessione monasterii duarumque grangiarum eidem appendentium uix decem carrucatae habebantur, et tamen ex frugibus quae de illis sumebantur, agente prudentia solertis uiri, cuncta monasterii necessaria in uariis et multiplicibus rebus comparabantur.

[57][d] Sciendum autem quia plurimum terrae acquirere potuisset si tantum decimas, terragia aliaque seruitia saecularibus soluere uoluisset. Verum, quia hujusmodi seruitiis plures ecclesias non solum nostri ordinis, sed et aliorum ordinum ancillari, inquietari, opprimi et perturbari cognouerat, nolebat accipere nisi quod cum libertate et pace ecclesiae possidere ualeret. Acceperat etenim consilium a sanctae memoriae Gerardo Claraeuallensis cellerario, sancti Bernardi germano, [f. 284v/p. 36] ne unquam cum saecularibus habere niteretur familiaritatem, neque plures grangias sed paucas et ipsas uberes et abundantes facere studeret. Quod nimirum studiose utrumque obseruauit. Nam non nisi duas grangias habemus, et ipsae fertiliores quam octo aliae

a. triticum *om. B.*
b. superfuerunt *B.*
c. eo *om. B.*
d. *Paragraphe non copié dans le ms. B.*

ferons cela ! Mais tant que nous aurons du froment, nous le donnerons à ceux qui viennent. Et si un jour il n'y en a plus, nous abattrons nos moutons, nos bœufs et nos autres animaux et nous les mangerons en commun ». Il ne disait pas cela parce qu'il voulait que les frères mangent de la viande, mais parce qu'il avait confiance en Dieu, en ce qu'il nous nourrirait tous de ce froment, et c'est ce qui se produisit. En effet, par la générosité de Dieu et la politique sage et intelligente de ce saint père, d'une part on ne tua pas les animaux ; d'autre part nous tous, avec les hôtes et les pauvres, nous avons mangé les réserves et il en restait assez que pour que les pauvres puissent rentrer chez eux avec joie et dans les actions de grâce, laissant la place à de nouveaux arrivants. Et c'est d'autant plus étonnant, et doit être attribué à un don divin, que le monastère, avec les deux granges qui lui appartenaient, ne possédait qu'à peine une dizaine de charruées, et que cependant grâce à la sagesse de cet homme intelligent, toutes les choses nécessaires au monastère étaient achetées, à partir des ressources que l'on en retirait, sous forme de biens variés et multiples.

[Relation avec les laïcs]

57. Il faut savoir qu'il aurait pu acquérir beaucoup plus de terre s'il avait accepté de payer à des laïcs les dîmes, les terrages et les redevances. Mais parce qu'il savait que par de telles charges de nombreuses églises non seulement de notre ordre, mais aussi d'autres ordres, sont asservies, inquiétées, opprimées et perturbées, il refusait de recevoir ces terres sauf quand il pouvait les posséder en conservant la liberté et la paix de l'Église. Il se souvenait en effet du conseil que lui avait donné Gérard, de sainte mémoire, cellérier de Clairvaux et frère de saint Bernard, de ne jamais chercher à avoir de familiarité avec des laïcs et de ne pas posséder beaucoup de granges mais peu, en veillant à les rendre riches et abondantes. Du reste, il observa ces deux conseils avec soin. En effet, nous ne possédons que deux

quorumdam coenobiorum, quod et ipse fecit et successores illius de die in diem faciunt.

[58] Sed neque[a] per domos uel curias potentium, quibusdam ut moris est, discurrebat, sed ut supra diximus intra metas monasterii sui uti religiosum et seruum Domini[b] decet et congruit sese continebat. Plerumque uero pro qualibet necessitate pergens ad episcopum, dum hora refectionis ad conuiuium quaereretur, inueniri non ualebat quia ne conuesci cogeretur clam discedebat. Pro his uero et hujusmodi timori, amori, magnaeque reuerentiae ab omnibus habebatur.

[59][c] Si contigisset res hujus ecclesiae sibi a Christo commendatas a saecularibus inuadi et diripi, tunc *ascendebat ex aduerso et se pro domo Israel murum* opponebat, *stansque in proelio* (Ez., 13, 5) non cessabat in *gladio oris sui* (Apoc., 2, 16) pugnando, quousque res non quidem suae, sed beatae Mariae quas custodiendas receperat cum omni integritate redderentur. Hoc namque modo etiam contra Radulfum comitem Vermandensem pugnauit et Deo juuante uicit. Homines etenim illius uiros in seruitio beatae Mariae occupatos capientes, res quas gerebant abstulerunt. Quo audito, abbas tamdiu cum omni libertate omnique instantia reclamauit quoadusque apostolica censura comes constrictus res quas homines illius abstulerant, etiam animalium lora, restituere compelleretur. Nulli namque personae siue saeculari seu ecclesiasticae adulabatur, nulli equos uel pecunias usibus pauperum et seruorum Dei profuturas largiebatur, sed si quis ecclesiae beneficisset, munus orationis reddebat. Si quis uero res

a. Sed neque : Nunquam *B*.
b. Domini : Dei *B*.
c. *Paragraphe non copié dans le ms. B.*

128. Jusqu'à la fin du XIIe siècle au moins, en effet, Vaucelles n'eut que deux granges, celles de Pésières et de Baudival,

granges, mais qui sont plus rentables que huit autres dans certains monastères. C'est ce qu'il fit, et c'est ce que ses successeurs font encore de jour en jour[128].

58. Contrairement à certains dont c'est l'habitude, il ne fréquentait pas les maisons ou la cour des puissants, mais, comme nous l'avons déjà dit, il restait à l'intérieur des limites du monastère, comme il convient à un religieux serviteur du Seigneur. Quand, pour quelque nécessité, il allait trouver l'évêque mais lorsqu'à l'heure du repas on l'appelait à table, le plus souvent on ne pouvait le trouver parce qu'il partait en cachette pour ne pas être obligé de partager le repas. À cause de cela et d'autres choses semblables tout le monde le craignait, l'aimait, le respectait énormément.

59. S'il arrivait que les biens qui avaient été confiés à notre église par le Christ fussent confisqués ou pillés par des laïcs, alors il se dressait contre eux et pour sa maison il leur opposait le mur d'Israël. Il n'abandonnait pas la bataille, combattant avec le glaive de sa bouche, jusqu'à ce que ces biens, qui certes n'étaient pas les siens mais ceux de sainte Marie et qu'il avait reçus en garde, lui fussent rendus intégralement. Il combattit un jour de cette manière contre le comte de Vermandois Raoul, et avec l'aide de Dieu il le vainquit. Les hommes du comte, arrêtant des hommes au service de sainte Marie, leur prirent les biens qu'ils transportaient. Apprenant cela, l'abbé les réclama en toute liberté et avec beaucoup d'insistance, jusqu'à ce que le comte fût contraint par la justice pontificale de restituer les biens que ses hommes avaient volés, y compris les rênes des animaux. Il ne flattait aucune personnalité, ni ecclésiastique, ni laïque, et ne donnait à personne les chevaux ou l'argent utiles aux pauvres et aux serviteurs de Dieu. Mais si quelqu'un faisait un don à l'église, il lui rendait le cadeau de la prière. Si quelqu'un

auxquelles il faut toutefois ajouter la grange abbatiale, citée en 1184 (*Chartes*, n° 104, p. 173-174), mais mentionnée dans la *Fundatio*, § 26). On peut cependant y ajouter la *curtis* de Vinchy, citée en 1173 (*Chartes*, n° 65-67, p. 136-139).

ecclesiae rapuisset, prius modeste et humiliter requirebat. Si non obsecrando proficeret, uinculis eum ecclesiasticis obligari faciebat donec satisfaciens cuncta restituisset. Haec autem faciens, quamdiu uixit in pace sibi commissa possedit, pergens quoque ad Christum in magna libertate et tranquillitate domum suam dimisit.

[60] Quamuis autem in acquirendis, tuendis ac requirendis siue[a] etiam construendis exterioribus ita esset occupatus, nequaquam tamen interiorum custodiam[b] obliuiscebatur, sed cum omni diligentia animabus curam adhibebat, arguendo, obsecrando, increpando, docendo, tolerando, aliquando uinum, aliquando oleum uulneribus earum infundendo (cf. Lc, 10, 33). Non solum autem subjectis et domesticis sed etiam extraneis superuenientibus nostri duntaxat ordinis disciplinae uigorem [f. 285r/p. 37] exhibebat, nec multum abire sinebat si[c] eos in aliquo excessu deprehendebat[d].

[61][e] Hinc est quod quemdam conuersum de Dunis, in nescio quid excedente, die et hora laboris caeteris fratribus in capitulo congregatis manifestato illius excessu disciplinae regulari subjecit. Alio uero tempore, quidam monachus ab Anglia ueniens biduo hic mansit. Erat autem fugitiuus. Quod cum abbas ab alio didicisset, et ille ad primam die tertia benedictionem egrediendi in ecclesia quaesisset, abbas, qui illis diebus erat hebdomadarius, missae benedictionem illi dare noluit, sed post horam rebus ablatis habitum quoque religionis abstulit, sicque illum de monasterio projecit.

a. ac requirendis siue : et *B*.
b. custodiam *om. B*.
c. nisi si *B*.
d. reprehendisset *B*.
e. *Paragraphe non copié dans le ms. B.*

prenait les biens de l'église, il les demandait d'abord avec modération et humilité. Si, malgré sa demande, il n'obtenait pas de succès, il le faisait attacher par les liens ecclésiastiques jusqu'à ce que, faisant satisfaction, il rende tout. Agissant ainsi, il posséda sans contestation jusqu'à sa mort les biens qui lui avaient été confiés. Ensuite, partant vers le Christ, il laissa sa maison dans une liberté et une tranquillité entières.

[Le rappel à la règle]

60. Bien qu'il fût de cette manière extrêmement occupé par l'acquisition, la protection, la récupération ou la construction de biens matériels, il n'oubliait pas pour autant de soutenir les cœurs et accordait toute son attention à la charge des âmes, reprochant, priant, incriminant, enseignant, supportant, versant sur leurs blessures tantôt du vin, tantôt de l'huile. Il appliquait la force de la discipline de notre ordre non seulement à ceux qui lui étaient soumis et aux domestiques, mais aussi à ceux qui venaient de l'extérieur, et il ne leur permettait pas de partir s'il les avait pris en quelque infraction.

61. C'est ainsi qu'ayant dénoncé devant les autres frères réunis en chapitre au jour et à l'heure du travail un convers des Dunes qui avait commis je ne sais quelle faute, il le soumit à la discipline régulière pour sa faute. Une autre fois un moine anglais demeura chez nous pendant deux jours. C'était un fugitif. Lorsque l'abbé l'apprit de quelqu'un d'autre, et que ce moine demanda dans l'église, à prime lors du troisième jour, la bénédiction du départ, l'abbé, qui cette semaine-là était chargé de la messe, refusa de lui donner cette bénédiction[129] et après l'heure de prime, lui enlevant ses biens, il lui retira son habit de religieux et l'expulsa ainsi du monastère.

129. C'est le prêtre hebdomadier qui doit donner la bénédiction à ceux qui partent : D. CHOISSELET et Pl. VERNET, *Les Ecclesiastica Officia*, p. 298 = § 103, n° 4.

[62][a] Quemdam etiam Cisterciensis coenobii monachum in ista prouincia sese inordinate habentem, cum ad locum istum hospitandi causa superuenisset, *uirga oris sui* (Is., 11, 4) fortiter increpando uerberauit. Ob hanc causam, cum sensisset animum Raynardi abbatis Cisterciensis contra se commotum, accitis aliquantis abbatibus, exposuit ei coram ipsis exordinationes monachi sui et adjecit : « Certe hujusmodi hominem extra monasterium mittere non debueratis, quia non solum domui nostrae, uerum etiam toti ordini esset scandalo ».

[63] Erat autem Radulfus abbas honesta et honorabilis persona, statura mediocri, cui etiam facies ex conspersione pene assidue rubere consueuerat. Plerumque uero commotio cordis ejus, ut quidam ferunt[b], in oculis ejus apparebat. Unde et quadam die ueniens ad Nicolaum episcopum[c], quem etiam[d] aliquando seuerius increpauerat[e] quia ualde reprehensibilis erat[f], mox ut eum uidit[g] episcopus tremefactus ait[h] : « Pro Deo miseremini mei, amplius enim uos quam dominum imperatorem timeo ». Si quempiam subditorum, justitia dictante, uel alio quocumque modo exasperasset, postmodum opportuno tempore omnimodis illum et uerbo et facto delinire curabat. Semper quantum in ipso fuit, salua obseruantia religionis, pacem gregis sibi commissi conseruare studuit. Quae nimirum si se absente per praepositos uel per quoslibet alios perturbata fuisset, reuertens prudenter reformare curabat. Non solum autem in magnis, uerum etiam in paruis rebus pacem hujusmodi seruabat.

a. *Paragraphe non copié dans le ms. B.*
b. ut quidam ferunt *om. B.*
c. episcopum Cameracensem *B.*
d. etiam *om. B.*
e. increpabat *B.*
f. quia ualde reprehensibilis erat *om. B.*
g. uidebat *B.*
h. aiebat *B.*

62. Comme un moine du monastère de Cîteaux, qui se comportait sans respect pour la règle dans cette province, arrivait chez nous pour y être accueilli, il le frappa fortement en lui faisant des reproches par le bâton de sa bouche. Et comme il sentait que Renard, abbé de Cîteaux, lui en voulait à ce sujet, ayant rassemblé quelques abbés il lui raconta devant eux les désordres de son moine et ajouta : « Certes, vous n'auriez pas dû envoyer ce moine hors de votre monastère, parce qu'il a créé un scandale non seulement à notre maison, mais à tout l'ordre ».

63. L'abbé Raoul était une personne honnête et honorable, de taille moyenne, dont le visage était presque toujours rouge et en sueur. Souvent aussi, selon ce que racontent certains, les émotions de son cœur se voyaient dans ses yeux. C'est ainsi qu'un jour, alors qu'il venait auprès de l'évêque Nicolas, à qui il faisait souvent de sévères reproches parce qu'il était très critiquable, l'évêque dès qu'il le vit s'écria en tremblant : « Par Dieu ayez pitié de moi, parce que je vous crains encore plus que le seigneur empereur ». S'il s'était emporté contre un de ceux qui lui étaient soumis, par esprit de justice ou quelqu'autre raison, il veillait ensuite en temps opportun à le charmer de diverses manières, par la parole et par le geste. Aussi longtemps qu'il le put, en veillant à toujours observer la vie régulière, il eut soin de conserver la paix du troupeau qui lui avait été confié. Et si en son absence elle avait été perturbée par les prévôts ou par quelqu'un d'autre, à son retour il prenait soin de la restaurer avec sagesse. Il conservait en effet la paix non seulement dans les grandes, mais aussi dans les petites choses. En effet, lorsque la cloche sonnait le chapitre, il était là aussitôt. Et lorsque la cloche sonnait pour la collation, il se tenait à la porte du parloir et attendait que les manuscrits soient rapportés dans le dortoir. Car avant que nous disposions d'une bibliothèque dans le cloître,

Nam cum signum capituli pulsaretur, statim aderat. Signo autem ad collationem pulsante, ipse in ostio auditorii consistens expectabat donec codices in dormitorium deferrentur, qui priusquam armarium in claustro haberemus illic in arca ad hoc constituta uel super tabulam reponebantur. Haec autem faciebat ne uel pro sua expectatione fratres taedium paterentur[a].

[64][b] [f. 285v/p. 38] Si uero bene memini, audiui eum dicere idcirco ad laborem tempore messis pergere, non quod aliquis prouentus ex suo labore proueniret, sed ut corda subditorum sua praesentia in pace custodiret. Quo uidelicet tempore, ualde mane, ante primam, ad laborem pergebamus ; hora uero sexta imminente reuertentes monasterio appropinquabamus, ita ut eadem hora in oratorio celebrata mox conuentu superueniente refectio sequeretur. Post signum uero uespertinae laudis plerumque modice laborabamus. Hyemis tempore dominicis diebus et festis feriatis, matutinae laudis plerumque duos psalmos aliquando autem tres citius cantare faciebat, quatenus fratres modice priusquam lux diei appareret sese calefacere ualerent. Eisdem uero diebus capitulum cito terminabat et fratribus suas negligentias die sequenti recognoscere censebat quatenus ante tertiam una missa priuata celebrari posset. Porro priuatis diebus cum graue gelu esset, fratrum afflictioni pie consulens circa ignem operi manuum illos insistere faciebat, corticem uidelicet radendo, uel aliud ejusmodi. In aestate autem, diebus dominicis et festis feriatis, omnia diuini operis morose dicebantur, hoc est laudes, prima, tertia etc., et tamen tantum spatium inter capitulum et tertiam habebatur ut duae missae priuatae cantari possent. Non enim licebat sacristae ad libitum modo citius, modo tardius, horas diuinae laudis pulsare.

a. *De* Nam cum signum *à* paterentur *om. B.*
b. *Paragraphe non copié dans le ms. B.*

les livres y étaient déposés dans un coffre dévolu à cet effet ou sur une table[130]. Il faisait cela pour éviter que les frères s'ennuient à l'attendre.

64. Si je me souviens bien, je l'ai entendu dire qu'à l'époque de la moisson il allait travailler non pour obtenir quelque profit de son travail, mais pour garder en paix par sa présence les cœurs de ceux qui lui étaient soumis. A cette époque nous partions au travail très tôt, avant prime. Un peu avant l'heure de sexte nous revenions au monastère de telle sorte que, cette heure étant célébrée dans l'église après l'arrivée de la communauté, le repas suive aussitôt. Après la cloche de la louange du soir, nous travaillions encore souvent un peu. En hiver, les dimanches et jours de fête, lors de la louange matinale, il faisait chanter rapidement deux, ou parfois trois psaumes, pour que les frères puissent se réchauffer un peu avant que la lumière du jour apparaisse. Ces mêmes jours il terminait rapidement le chapitre et ordonnait aux frères de reconnaître leurs fautes le lendemain, pour qu'une messe privée puisse être célébrée avant tierce. Mieux encore : les jours ordinaires, quand un gel sévère sévissait, par égard pour la souffrance des frères il faisait en sorte qu'ils exécutent le travail manuel près du feu, comme par exemple écorcer le bois. En été en revanche, les dimanches et les jours de fête, tout ce qui relevait de l'œuvre de Dieu était dit avec minutie, c'est-à-dire les laudes, prime, tierce etc., et cependant il restait tant de temps entre le chapitre et tierce qu'on pouvait y chanter deux messes privées. Il n'était en effet pas permis au sacristain de sonner les heures de la louange de Dieu selon son bon plaisir, tantôt plus tôt, tantôt plus tard.

130. Situé normalement dans le passage entre le dortoir et la salle du chapitre (D. CHOISSELET et Pl. VERNET, *Les Ecclesiastica Officia*, p. 402), l'*auditorium* était le bon endroit pour surveiller le retour des livres au dortoir tout en préparant la collation.

[65][a] Erat namque[b] horologium in medio claustri sub diuo positum, trabes uidelicet lignea in altum porrecta, habens in summitate sui sphaeram ligneam habentem inferius 12 lineas incisas juxta numerum scilicet 12 diei horarum. Non solum autem horae, sed etiam puncti ante uel post horas qui in regula sancti Benedicti leguntur, hoc est hora pene 4ª, quasi 6ª plena, 3ª, 10ª plena et illud quod dicitur mediante 8ª hora subtiliter in praefata sphaera habebantur designati. In medio quoque ejusdem spherae uirgula ferrea erat posita, per quam umbra solis in lineas punctosque descendens horas singulas designabat et citius tardiusue quam horologium designasset si horam pulsari contigisset, sequenti die sacrista in capitulo ueniam petendo satisfaciebat.

[66][c] Neminem, siue clericum seu laicum, ad conuersionem suscipere uolebat, nisi conuentum tenere posset, hoc est uictum et uestitum regularem, uigilias et opus manuum caeterasque ordinis obseruantias exequi ualeret. Neminem ab officio suo facile absoluere uolebat, etiamsi multum rogaretur, maxime si fidelis et utilis is qui absolui postulabat [f. 286r/p. 39] haberetur. Verum, si is qui

a. *Paragraphe non copié dans le ms. B.* Imprimé dans Carpentier, *Glossarium nouum*, t. 2, col. 771, d'après les *Gesta abbatum [Valcellensium] manuscripta*, jusqu'à *designabat*.
b. namque *om. Carpentier*.
c. *Paragraphe non copié dans le ms. B.*

131. Si tierce et sexte sont plusieurs fois citées dans la règle de s. Benoît, *hora pene quarta* marque de Pâques au 1er octobre la fin du travail et le début de la lecture, *mediante octava hora* le début de l'office de none, toujours de Pâques au 1er octobre : *Id est ut a Pascha usque kalendas octobres a mane exeuntes a prima usque hora pene quarta laborent quod necessarium fuerit ; ab hora autem quarta usque hora qua sextam agent lectioni vacent ; post sextam autem surgentes a mensa pausent in lecta sua cum omni silentio, aut forte qui voluerit legere sibi sic legat ut alium*

65. Il y avait en effet au milieu du cloître une horloge, placée en plein air, c'est-à-dire une poutrre de bois dressée verticalement ; en son sommet il y avait une sphère de bois au-dessous de laquelle il y avait 12 incisions, selon le nombre des 12 heures du jour. Il n'y avait pas que les heures. Etaient aussi très intelligemment représentés sur cette sphère les points avant ou après les heures, tels qu'on les trouve dans la règle de saint Benoît, c'est-à-dire presque la 4e, presque la 6e pleine, la 3e, la 10e pleine et la 8e et ce qu'on appelle la 8e et demie[131]. Au milieu de cette sphère il y avait une tige de fer ; passant par elle, l'ombre du soleil indiquait chaque heure en passant par les lignes et les points. Et s'il arrivait que l'on sonne l'heure avant ou après que l'horloge ne l'ait indiquée, le lendemain le sacristain faisait pénitence en demandant pardon en chapitre[132].

66. Il ne voulait accueillir pour la conversion personne, ni clerc ni laïc, qui ne pût tenir la vie communautaire, c'est-à-dire le vivre et le vêtement réguliers, les veilles et le travail des mains, et qui ne pût respecter les autres observances de l'ordre. Il ne voulait pas délivrer quelqu'un facilement de sa charge, même face à une requête insistante, surtout si celui qui demandait à être libéré était fidèle et utile. Mais si celui qui réclamait d'être délivré de sa charge était

non inquietet ; et agatur nona temperius mediante octava hora, et iterum quod faciendum est operentur usque ad vesperam (BENOÎT DE NURSIE, *Regula*, XLVIII, 3-4 et 6, t. 2, p. 598-600). En Carême, le travail se fait depuis *tertia plena* jusqu'à la *decima plena* (*Ibid.*, n° 14). Cependant, d'autres heures citées par s. Benoît (la *secunda*, p. ex., *ibid.*, n° 11) ne sont pas mentionnées par la *Fundatio*, tandis qu'il n'y pas dans la règle de *quasi sexta*.

132. D'après D. CHOISSELET et Pl. VERNET, *Les Ecclesiastica Officia*, p. 406, l'*horologium* cistercien sonnait les heures ; ce que semble confirmer un autre passage de la *Fundatio*, § 10, qui dit *audito horologio*. On voit bien ici cependant que l'horloge ne sonne pas directement, mais qu'elle indique le moment auquel le sacristain doit sonner les heures. Voir M. ARNALDI, « Le ore benedettine », qui utilise Carpentier par l'intermédiaire de Du Cange et décrit une horloge solaire, provenant de l'abbaye cistercienne d'Acquafredda et conservée à Côme, répondant tout à fait à la description de la *Fundatio*.

relaxari flagitabat pusillanimis extitisset, abbas illum uerbis suasoriis secretius admonebat officium suum constanter et alacriter agere, aequo animo contraria sufferre, a Christo auxilium et praemium sperare et ut amplius animaret seipsum quoque pro laboribus quos in uillicatione sibi credita tolerabat magnam a Deo mercedem expectare affirmabat. Alios autem non solum suadebat, sed etiam compellebat obedire, asserens et Dominum nostrum Jesum Christum in tribulationibus et angustiis, necnon etiam contumeliis obedientiam sibi a patre injunctam seruasse, illos quoque ad hoc in monasterium uenisse ut non suam sed Dei et praelati uoluntatem adimplerent. In his autem omnibus quae supradiximus frugalitatem in eo commendare non est necesse, quia ita semper ex quo abbatis officium suscepit, usus est ut etiam in extrema ualetudine a quibusdam non parsimoniae, sed tenaciae causa, non uirtute abstinentiae, sed studio auaritiae sese perimere, quod absit, diceretur.

[67][a] Cuidam monacho quoddam officium in capitulo commisit (olim namque publice in conuentu cuncta pene officia fratribus injungi solebant, et ab eis absolui). Cum ergo praedictum officium cuidam fratri fuisset commissum, ille surgens misericordiam quaesiuit et ne eodem officio grauaretur flagitauit. Abbas uero tunc eum dimisit. Postmodum autem illum secreto conueniens, percunctatus est cur officium quod ei injunxerat repudiasset. At ille respondens quia, inquit, « Illud mihi committi concupieram, idcirco suscipere omnimodo non acquieui ». Audiens autem abbas pariter et admirans puritatem fratris, denuo praecepit ei in nomine Domini eodem officio fungi. Quod nimirum ille suscipiens pluribus annis strenue atque fideliter ut fertur illud administrauit.

a. *Paragraphe non copié dans le ms. B.*

pusillanime, l'abbé l'avertissait en secret par des paroles persuasives de remplir sa charge avec constance et zèle, de supporter l'adversité avec une âme égale, d'espérer aide et récompense du Christ et pour qu'il s'implique davantage dans les travaux qui lui incombaient du fait de la charge qui lui était confiée, il affirmait qu'il pouvait attendre de la part de Dieu une grande récompense. Les autres, non seulement il les exhortait à obéir, mais même il les y contraignait, expliquant que notre Seigneur Jésus-Christ, au milieu des difficultés, des problèmes et même des affronts, avait conservé l'obéissance qui lui avait été imposée par le Père ; quant à eux, ils n'étaient pas venus au monastère pour faire leur volonté mais celle de Dieu et de l'abbé. Dans toutes les choses que nous avons dites il n'est pas nécessaire de louer la frugalité qui était en lui, parce que dès qu'il eut pris la charge d'abbé, il l'appliqua jusque dans sa dernière maladie à un tel point que certains disaient (loin de nous cette pensée !), qu'il s'était tué lui-même non par sobriété mais par esprit économie, non par vertu d'abstinence mais par volonté d'avarice.

[Ambition et obéissance]

67. Il confia un jour une charge à un moine en chapitre (jadis en effet presque toutes les charges étaient confiées et retirées aux frères publiquement, devant le chapitre). Donc, comme il confiait cette charge à un moine, celui-ci se leva et demanda miséricorde et supplia que cette charge ne lui fût pas imposée. L'abbé alors le laissa tranquille, mais par la suite il alla le trouver discrètement, et lui demanda pourquoi il avait refusé la charge qui lui était confiée. L'autre lui répondit que : « C'est parce que je désirais qu'elle me fût confiée que je n'ai pas accepté de la recevoir ». L'abbé, entendant et admirant la pureté de ce frère, lui ordonna à nouveau, au nom du Seigneur, de remplir cette charge. Le frère alors l'accepta et pendant plusieurs années, semble-t-il, il la remplit avec intelligence et fidélité.

[68][a] Fortassis autem ex occasione rei abbas in capitulo conuersorum talem aliquando fecit admonitionem, dicens : « Fratres, antiquus hostis humanae menti insidians, multa suggerit illicita, non solum saecularibus uerum etiam formam religionis praeferentibus. Sed nos de his qui foris sunt tacentes, eos qui intus sunt praemunire satagimus. Inter caetera autem suggestionum genera quibus mentes religionis habitum habentes uexare non cessat, etiam quorumdam animo immittit desiderium alicujus officii quod uulgo aliqua uetatur obedientia. Quae ut sibi a praelato committuntur magnopere appetunt, non quidem ut Deo uel proximo in eo deseruiant, sed ut suae uoluntatis motus liberius et quasi licentius exequi ualeant ; quapropter si cui uestrum tali uitio infecto [f. 286v/p. 40] id quod male concupiunt contigerit adipisci, admoneo pariter et praecipio ei qui talis est ne ad sacram communionem praesumat recedere priusquam per ueram confessionem ab hujusmodi uitio sese purificare studuerit.

[69][b] Quadam die, in curia sacristae arca in qua uasa sacrata conseruabantur claue immunita remansit. Quapropter sicut uulgo dici solet opportunitas furem faciat, quidam pseudo-monachus opportunitate inuenta tres calices ex arca rapuit et tribus in locis satis callide abscondit. Cum autem sero esset factum, et sacrista †tentas†[c] arcam non firmatam reperisset, introspiciens tres calices cognouit deesse. Quid tristitiae, quid anxietatis mens ejus tunc habuerit non est opus dicere ! Nam tempus loquendi et damnum requirendi non suppetebat, quia nox erat et completorium jam dictum fuerat. Proinde noctem illam habuit inquietam. Mane autem facto, dum huc atque illuc inquirendo anxie discurreret, tandem Deo miserante unum calicem in obscuro angulo

a. *Paragraphe non copié dans le ms. B.*
b. *Paragraphe non copié dans le ms. B.*
c. *Sic C.*

68. Peut-être à cette occasion, l'abbé prononça devant le chapitre des convers l'avertissement suivant : « Frères, notre vieil ennemi, s'insinuant dans l'esprit humain, suggère des choses illicites non seulement aux laïcs, mais aussi à ceux qui ont préféré la vie religieuse. Mais nous, ne nous préoccupons pas de ceux qui sont à l'extérieur, et efforçons-nous de protéger ceux qui sont à l'intérieur. Entre autres sortes de suggestions par lesquelles il ne cesse d'attaquer les esprits religieux, il introduit chez certains d'entre eux le désir d'une charge, ce qui est communément interdit par l'obéissance. Ils désirent fortement que ces charges leur soient confiées par leur supérieur, non certes pour servir par là Dieu et leur prochain, mais pour pouvoir accomplir ainsi leur propre volonté plus librement et presque sans frein. C'est pourquoi, s'il arrivait que l'un de vous, infecté par un tel vice, obtenait ce qui, chez ces gens-là, fait l'objet d'un désir mauvais, je l'avertis, et je lui interdis d'oser venir à la sainte communion avant d'avoir eu à cœur de se purifier de ce vice par une vraie confession ».

[Les vols de calices]

69. Un jour, dans le local du sacristain, le coffre dans lequel les vases sacrés étaient conservés ne fut pas fermé à clé. Comme on le dit couramment : « l'occasion fait le larron ». Un faux moine, saisissant l'occasion, prit trois calices hors de ce coffre et eut l'astuce de les cacher en trois endroits différents. Lorsque le soir arriva et que le sacristain eut trouvé le coffre non fermé, il regarda à l'intérieur et vit que trois calices manquaient. Est-il besoin de dire quelles furent alors sa tristesse et son anxiété ? En effet, il n'avait plus le temps d'en parler ni de chercher ce qui avait été volé, parce que c'était la nuit et que les complies avaient déjà été dites. Il passa donc une nuit affreuse. Au matin il commença à chercher partout en courant çà et là, et enfin, Dieu prenant pitié de lui, il trouva dans un coin obscur près de la porte des latrines un calice caché sous un très vil

secus ostium latrinarum uilissimo contectum operculo reperit. Ventum est ad capitulum in quo abbas de tanto damno uerbum faciens, cunctos sigillatim a priore incipiens interrogauit[a]. Negantibus singulis uniuersis se nescire asserentibus, abbas reum tanti criminis gladio anathematis percussit. Deinde jussit sacristam, Joannem nomine[b], dormitorium ascendere et singulorum lecta scrutari. Perrexit sacrista cum aliis quos ei abbas designauit et incipiens a lecto abbatis sicut ei jussum fuerat alium inuenit quem sine mora cum alacritate in capitulo attulit. Audiens autem abbas in lecto suo calicem esse inuentum, dixit : « Nulla me cogebat necessitas calicem furari, quoniam si uoluissem illum dare seu uendere, nullo contradicente potuissem. Ite ergo et 3[um] calicem quaerentes inuentum afferte ». Pergens denuo sacrista cum sociis dormitorium, 3[um] calicem diu multumque requirentes non inuento reuersi sunt. De cujus inuentione facta difficultate, abbas praecepit scapularia cunctorum in claustro deferri, interdicens facultatem ante horam nonam dormitorium intrandi. Hiems namque erat, quando jejunare solemus. Tandem calix 3[us] diu quaesitus Deo largiente est inuentus eadem die.

[70][c] Inter haec autem ualde pensanda est furis astutia et Saluatoris gratia. Furis quidem astutia, quia secretiorem locum non credidit quod lectum abbatis, ubi quod posuerat nullus esse aestimaret, nemo quaerere illic auderet, et ipse quando uellet nullo uidente tollere posset. Quis enim in lecto abbatis tale quid reponi putaret ? Quis etiam lectum ipsius nisi ipse jussisset scrutari praesumeret ? Saluatoris quoque gratia in hoc pensanda est pariter et laudanda, quia menti abbatis lectorum scrutinium[d] a lecto illius inchoaretur. Nam

a. incipiens interrogauit incipiens *C*.

b. *C écrit* Jozarium *mais ajoute en note marginale :* uel potius Joannem.

c. *Paragraphe non copié dans le ms. B.*

d. *Il manque ici une expression comme* suasit ut *C*

couvercle. L'affaire fut alors traitée au chapitre, dans lequel l'abbé parla à ce sujet, et en commençant par le prieur les interrogea l'un après l'autre. Mais tous nièrent et déclarèrent qu'ils ne savaient rien. L'abbé frappa alors le coupable d'un tel crime du glaive de l'anathème. Ensuite il ordonna que le sacristain, appelé Jean, monte au dortoir et inspecte chacun des lits. Le sacristain y alla avec quelques moines que l'abbé lui avait désignés, et commençant par le lit de l'abbé, ainsi qu'il en avait reçu l'ordre, il trouva un autre calice qu'il apporta immédiatement au chapitre. L'abbé, apprenant que le calice avait été trouvé dans son lit, déclara : « Aucune nécessité ne m'imposait de voler ce calice, parce que si j'avais voulu le donner ou le vendre personne n'aurait pu m'en empêcher ! Allez donc, cherchez le troisième calice et quand vous l'aurez trouvé amenez-le ici ! » Le sacristain retourna avec ses compagnons au dortoir, cherchant beaucoup et longtemps le 3e calice, mais ils revinrent finalement sans l'avoir trouvé. Comme il était difficile de le trouver, l'abbé ordonna que tous les scapulaires fussent amenés dans le cloître, et interdit qu'on entre dans le dortoir avant none. C'était alors l'hiver, quand nous avons l'habitude de jeûner. Enfin, par la volonté de Dieu, le troisième calice cherché pendant si longtemps fut trouvé le même jour.

70. Dans tout cela il faut prendre en considération l'intelligence du voleur et la grâce du Sauveur. L'intelligence du voleur, parce qu'il a pensé qu'il n'y aurait pas d'endroit plus secret que le lit de l'abbé ; que là où il avait caché le calice, personne n'imaginerait, personne n'oserait le chercher, et que lui pourrait venir le reprendre quand il le voudrait sans que personne ne le voie. Qui en effet aurait pu penser qu'un tel objet se trouverait dans le lit de l'abbé ? Qui aurait osé l'inspecter si l'abbé lui-même ne l'avait ordonné ? Mais la grâce du Sauveur doit aussi être prise en considération et louée, pour avoir mis dans l'esprit de l'abbé de faire commencer l'inspection des lits par le sien propre. Car s'il n'en avait pas décidé ainsi personne, comme

si hoc non jussisset, nemo sicut diximus, [f. 287r/p. 41] agere praesumeret et ita calix non inueniretur sed a fure occulte tolleretur et de non inuento cor nimirum tristitia repleretur. Sed hoc et caetera Christo inspirante satis prudenter acta sunt. Interea considerans abbas graue periculum esse anathema in medio nostrum uersari, die sequenti blande leniterque curauit admonere hujus facinoris obnoxium secreto ad confessionem et emendationem uenire, nihil eum pro hoc passurum graue.

[71][a] Narrauit autem quoddam exemplum, nosse se uidelicet in Clarualle quemdam monachum honeste et religiose conuersari qui tamen meritum conuersionis aliud non habuit, sicut postea confessus est ipse, nisi ut calices Claraeuallis coenobii furaretur, existimans nimirum homines nostri ordinis in custodiendis[b] rebus suis simplices et idiotas esse. Saepefatus autem monachus qui calices nostros rapuit, postmodum alio surripiente uitio, ut fertur, de hoc monasterio expulsus est nec amplius nisi siue praecepto uel admonitione apostolicae sedis ad quam confugerat a praefato abbate recipi meruisse. Qui tamen ab eodem receptus multum postea religiose et sine querela uixit annis et tempore Nicolai 3[i] abbatis hujus coenobii, sicut credimus, migrauit ad Christum, cum quo et nos uiuamus in aeternum. Amen.

[72][c] Quadam die in praesentia regis Francorum aliarumque personarum, procerum et pontificum coetu congregato contigit et Radulfum abbatem Valcellensem interfuisse. Surgens autem Radulfus comes Vermandensis, conquestus est de Radulfo abbate, dicens : « Domine mi rex, querelam habeo aduersus abbatem de Valcellis ». Quod cum audisset Samsom reuerendissimus Rhemorum archiepisco-

a. *Paragraphe non copié dans le ms. B.*
b. custodiendus *C.*
c. *Paragraphe non copié dans le ms. B.*

nous l'avons dit, n'aurait osé le faire, le calice n'aurait pas été retrouvé mais aurait été emporté en cachette par le voleur, ce qui nous aurait rempli le cœur d'une tristesse considérable. Mais tout ceci s'est réglé sagement, grâce à l'inspiration du Christ. Finalement l'abbé pensa qu'il y avait un grave danger à ce que l'anathème fût répandu au milieu de nous. Le lendemain, il prit soin d'inciter doucement et calmement le coupable de ce crime à venir discrètement pour se confesser et être purifié, assurant qu'il n'encourrait pas de peine grave.

71. Il raconta aussi une autre anecdote : il connaissait à Clairvaux un moine de vie honnête et religieuse qui cependant, comme il l'avait confessé lui-même, n'avait pas eu d'autre motif à sa conversion que de vouloir voler les calices du monastère de Clairvaux, pensant que les hommes de notre ordre étaient simples et idiots en ce qui concernait la garde de leurs biens. Quant au moine qui avait volé nos calices, il fut pris ensuite par un autre vice, d'après ce qu'on raconte, et expulsé de notre monastère. Il n'obtint d'être reçu par l'abbé Raoul que sur l'ordre ou l'avertissement du siège apostolique, vers lequel il s'était enfui. Cependant, reçu par lui il vécut longtemps de manière religieuse et ce fut, je crois, au temps du troisième abbé, Nicolas qu'il partit vers le Christ avec lequel nous souhaitons vivre éternellement, amen.

[La défense des biens du monastère]

72. Un jour Raoul, abbé de Vaucelles, participa à une assemblée de nobles et d'évêques réunie en présence du roi de France et d'autres personnalités. Raoul, comte de Vermandois, se leva et porta plainte contre l'abbé Raoul en disant : « Mon seigneur roi, j'ai une querelle avec l'abbé de Vaucelles ». Le très révérend Samson, archevêque de Reims[133], stupéfait d'entendre cela, dit : « Mais personne

133. Samson, archevêque de Reims de 1140 à 1161 : DEMOUY, *Genèse d'une cathédrale*, p. 624-628.

pus, obstupefactus dixit : « O nullus de abbate Valcellensi conqueritur nisi tu solus. Verumtamen quam causam contra illum habes ? » Radulfus comes autem ait : « Rogaui eum ut mihi boues suos cum carro ad ducendum uinum meum commodaret, et nullatenus uoluit. » Respondens autem abbas dixit : « Non est consuetudo ordinis nostri uecturas monasterii saecularibus praestari ». Dicente uero comite abbatem Claraeuallensem comiti Theobaldo quoties opus habet animalia sua cum carro praestare, respondit abbas et dixit : « Si abbas Claraeuallis contra ordinem facit, ego eum in hoc imitari nolo nec debeo. Nam ego contra conscientiam meam fecisse me paenitet quod ad muniendum castrum uestrum de Villers dedi ligna saltus monasterii ». His auditis, comes abbati contradicere non ualens quieuit. [f. 287v/p 42] Eodem etiam modo et Nicolaum Cameracensem episcopum postulantem sibi commodari uecturas monasterii ad deferendos lapides suos molares nullo pacto ad hoc induci potuit, uel ut uecturas coenobii etiam suo proprio episcopo commodaret.

[73][a] Admonebat autem custodes saltuum, cultores agrorum et pastores pecorum porcorumque et aliorum animalium, dicens eis : « Si qui uobis saecularium quidpiam auferre seu quodlibet damnum inferre molitur, nolite cum eo uerbis proterue contendere, nolite uiolenter retinere quod ille temere conatur auferre, sed modeste et pacifice illi dicite quod de rebus beatae Mariae aliquid tollere non licet. Si audierit uos et quieuerit, bene. Si autem non, diligenter quis sit et cujus conditione consistat inquirite et mihi referri curate ». Quam consulte autem hoc faciebat sequens exemplum manifestat.

[74][b] Nam in quodam coenobio Praemonstratensis ordinis erat quidam conuersus, aurigae fungens officio,

a. *Paragraphe non copié dans le ms. B.*
b. *Paragraphe non copié dans le ms. B.*

ne se plaint de l'abbé de Vaucelles à part toi ! Voyons, cependant, quel reproche tu lui fais »[134]. Le comte Raoul déclara : « Je lui ai demandé ses bœufs avec un chariot, pour transporter mon vin, et il l'a refusé. » L'abbé répondit en disant : « Il n'est pas dans l'habitude de notre ordre de prêter aux laïcs les véhicules du monastère ». Le comte dit alors que l'abbé de Clairvaux prêtait au comte Thibaud, chaque fois qu'il en avait besoin, ses animaux avec un chariot. L'abbé lui répondit : « Si l'abbé de Clairvaux agit contre l'ordre, moi je refuse de l'imiter et je ne le peux pas. Je regrette d'avoir agi contre ma conscience en vous donnant du bois du monastère pour renforcer votre château de Villers ». Entendant cela, le comte ne put répondre à l'abbé et s'apaisa. De la même manière, alors que Nicolas, évêque de Cambrai, lui demandait de lui prêter les véhicules du monastère pour porter ses pierres meulières, aucun argument ne put amener Raoul à prêter ces véhicules à son propre évêque.

73. Il mettait en garde les gardes forestiers, les cultivateurs des champs et les gardiens du bétail, des porcs et des autres animaux, en leur disant : « Si un laïc s'efforce de vous enlever quelque chose ou de vous causer quelque dommage, ne vous disputez pas sans retenue avec lui par des mots, ne retenez pas par la violence ce qu'on s'efforce de vous enlever par la violence, mais dites-lui avec douceur et pacifiquement qu'il n'est pas permis d'emporter des biens appartenant à sainte Marie. S'il vous entend et s'apaise, tant mieux. Sinon, tâchez de savoir qui il est et quelle est sa condition et veillez à me le rapporter ». Le récit suivant montre que ce qu'il faisait était tout à fait approprié.

74. Il y avait en effet dans un monastère de l'ordre de Prémontré un convers chargé de conduire un chariot. Il trans-

134. L'histoire en question se déroule donc entre 1140, date de l'accession de Samson à l'archevêché de Reims, et la mort de l'abbé Raoul en 1151. Le roi est par conséquent Louis VII (1137-1180).

qui de coenobio ad grangiam, de grangia quoque ad abbatiam necessaria quaeque deferre consueuerat. Hic quadam die uidens[a] rusticum de saltu monasterii ligna incidisse et jam bigae suae imposuisse, increpauit eum quod tale quid facere praesumpsisset. Cumque rusticus cum ligno quod sibi praeparauerat abire uellet, conuersus autem ea temere et moleste retinere niteretur, rusticus a furore commotus percussit illum et occidit. Quo audito in coenobio, uenerunt et tulerunt corpus ejus et ad monasterium attulerunt. Cumque illum uestimentis suis exuerint, ut more mortuorum corpus componeretur, inuenerunt super eum marsupium argenteis refertum. Quod uidentes consternati sunt, quaerentes namque unde illi pecunia euenerit. Nihil aliud inuenire potuerunt nisi de rebus monasterii, quas nimirum administrandas susceperat, acquisierit et apud se illicite retinuerit. Quapropter, ut furti obnoxium judicantes a coetu fidelium illum separari et corpus illius extra coemeterium sepeliri decreuerunt. Ecce Deus quam *terribilis in consiliis super filios hominum* (Ps., 65, 5) ! Frater iste fratribus suis necessaria procurabat, pro defensione quoque rerum domus peremptus fuerat, et tamen ei nihil profuit, quia ecclesiae judicio a fidelium consortio arceretur !

[75][b] Quando et a quibus consecrata sit ecclesia Valcellensis, et qualiter in ea sunt ordinata altaria, quibusue reliquiis insignis dicamus. Anno incarnati Verbi 1149°, indictione 12[a], Eugenio papa 3° sedi apostolicae praesidente, Conrado aeque 3° rege Romanorum imperante, Nicolao episcopo Cameracensem ecclesiam [f. 288r/p. 43] gubernante, Simone filio Hugonis et Heldiardis fundatorum coenobii Valcellensis castellano existente, beatae memoriae Radulfo primo abbate praefatum coenobium regente,

a. ueniens *C*.
b. *Paragraphe non copié dans le ms. B.*

portait tout ce qu'il fallait du monastère à la grange et de la grange à l'abbaye. Un jour, il vit un paysan qui avait coupé du bois dans les forêts du monastère et l'avait déjà chargé dans sa charrette. Il lui reprocha d'avoir osé faire une telle chose. Le paysan voulait partir avec le bois qu'il s'était préparé, le convers s'efforçait de le retenir avec détermination et force ; le paysan, pris de fureur, le frappa et le tua. Lorsque l'abbaye apprit cette nouvelle, on vint et on emporta son corps au monastère. Mais lorsqu'on enleva ses vêtements pour préparer son corps comme on le fait pour les morts, on trouva sur lui une bourse pleine d'argent. Voyant cela, on fut consterné, et on se demandait d'où cet argent lui était venu. La seule explication qu'on trouva fut qu'il l'avait acquis sur les biens du monastère qu'il avait reçus pour les administrer et qu'il avait illicitement gardés pour lui. On le trouva donc coupable de vol, on le sépara de la troupe des fidèles et on fit enterrer son corps hors du cimetière. Voyez à quel point Dieu est terrible dans les desseins qu'il a pour les fils des hommes ! Ce frère apportait à ses frères tout ce dont ils avaient besoin, il avait été tué en défendant les biens du monastère, et cependant cela ne lui servit en rien, parce qu'en vertu d'un jugement de l'Église il fut séparé de la communauté des fidèles.

[La dédicace de l'église de Vaucelles et de ses autels][135]

75. Disons maintenant quand et par qui l'église de Vaucelles a été consacrée, comment les autels y ont été ordonnés et avec quelles remarquables reliques. En l'an du Verbe incarné 1149, indiction 12, le pape Eugène III siégeant sur le siège pontifical, Conrad III régnant comme roi des Romains, Nicolas gouvernant l'Église de Cambrai, Simon fils d'Hugues et Heldiarde les fondateurs du monas-

135. Pour des textes quelque peu équivalents sur les autels d'abbayes cisterciennes, voir M. Colker, « The *Liber Altarium* » et E. Mouraire, « Les autels et les reliques ».

consecrata est ecclesia ejusdem loci 7° kalendas junii, 5[a] feria hebdomadae Pentecostes. Quam consecrauit Samson[a] Rhemorum archiepiscopus et alii 4[or] episcopi cum eo, Nicolaus scilicet Cameracensis, Geraldus Tornacensis, Joslenus Suessionensis atque Milo Morinensis. Fuerunt autem inuitati et alii episcopi, sed quibusdam causis praepedientibus occurrere nequiuerunt. Consecrauit archiepiscopus ecclesiam in honore sanctae Dei genitricis semperque uirginis Mariae. Istas in altari principali condidit reliquias : de sepulchro Domini, reliquias apostolorum Petri et Pauli atque Andreae et sanctorum confessorum Hilarii, Remigii, Florini, Humberti, Aichadri, Husinari, de brachio sancti Theodardi et de capillis sanctae Genouefae uirginis.

[76][b] Ad dexteram partem ecclesiae duo sunt altaria, unum in honorem sancti Petri apostoli omniumque apostolorum, aliud uero in honorem sancti Stephani protomartyris omniumque martyrum Christi. Sane altare beati Petri ante alia primum constructum consecrauit Nicolaus Cameracensis 4[a] feria Paschae et collocauit in eo reliquias sanctorum Andreae apostoli, Stephani prothomartyris et sancti Justini. Altare uero sancti Stephani consecrauit Geraldus Tornacensis episcopus ipso die dedicationis et posuit in eo reliquias sanctorum Jacobi apostoli, Stephani protomartyris, sanctorum martyrum Leodegarii, Innocentii, Potentiani, Georgii, Sergii et Bacchi, Prothi et Hiacinti atque de legione Thebaeorum. Hoc autem altare postmodum inundantiae aquarum causa demolitum est, aliud uero pro eo aedificatum consecrauit praedictus episcopus Nicolaus 5° idus septembris et reliquias suprascriptas in eo recondidit.

a. Samsom *C.*
b. *Paragraphe non copié dans le ms. B.*

136. Jeudi 26 mai 1149, qui était en effet le jeudi suivant la Pentecôte.

tère de Vaucelles étant châtelain, le regretté Raoul étant le premier abbé à gouverner ce monastère, l'église de ce lieu fut consacrée le 26 mai, le jeudi de la semaine de la Pentecôte[136]. Ce fut Samson, archevêque de Reims, qui la consacra, avec quatre autres évêques à savoir Nicolas de Cambrai, Gérard de Tournai[137], Josselin de Soissons[138] et Milon de Thérouanne[139]. D'autres évêques avaient été invités mais, empêchés par diverses raisons, ne purent venir. L'archevêque consacra l'église en l'honneur de sainte Marie, mère de Dieu et toujours Vierge. Dans l'autel principal il plaça les reliques suivantes : du sépulcre du Seigneur, des apôtres Pierre, Paul et André et des saints confesseurs Hilaire, Rémi, Florin, Humbert, Aichadrus, Husinarus, du bras de saint Théodard et des cheveux de la sainte vierge Geneviève.

76. A droite de l'église il y a deux autels, l'un en honneur du saint apôtre Pierre et de tous les apôtres, l'autre en l'honneur du saint protomartyr Étienne et de tous les martyrs du Christ. Le mercredi de Pâques, Nicolas de Cambrai consacra l'autel Saint-Pierre, qui avait été construit le premier, avant les autres, et il y plaça des reliques des saints André apôtre, Étienne protomartyr et Justin. L'évêque Gérald de Tournai consacra l'autel Saint-Étienne le jour même de la dédicace, et il y plaça des reliques des saints Jacques apôtre, Étienne protomartyr et des saints martyrs Léger, Innocent, Potentien, Georges, Serge et Bacchus, Prothus et Hiacynthe et de la légion thébaine. Par la suite cet autel fut détruit du fait d'une inondation et l'évêque Nicolas en consacra un autre édifié à sa place, le 11 septembre, dans lequel il plaça les mêmes reliques.

137. Gérald, évêque de Tournai (consacré entre le 24 août 1148 et le 21 mai 1149, mort en 1166 : J. PYCKE, *Le chapitre cathédral*, p. 327).

138. Josselin, évêque de Soissons (1126-1152 : GAMS, p. 633).

139. Milon Ier, évêque de Thérouanne (1130-1159 : É. BROUETTE, « La date du décès »).

[77][a] Ad septemtrionalem quoque partem duo sunt altaria, unum in honorem sancti Michaelis archangeli omniumque angelorum, in quo positae sunt reliquiae beati Christophori martyris ; aliud uero altare sancti Benedicti abbatis et omnium confessorum Christi, in quo habentur reliquiae sanctorum Thebaeorum et sancti Mauronti confessoris. Haec autem duo altaria consecrauit Nicolaus episcopus 6° kalendas januarii in festo scilicet sancti Johannis euangelistae longe prius quam ecclesia fuisset aedificata.

[78][b] In medio ecclesiae situm est altare in honore sanctae Crucis, quod consecrauit Joslenus Suessionensis episcopus ipso die dedicationis ecclesiae, hasque in illo reliquias condidit : de ligno et sepulchro et mensa Domini, de cruce sancti Andreae, de Innocentibus, de Thebaea legione et de sancto Walberto confessore. [f. 288v/p. 44] Juxta hoc altare uersus aquilonem habetur altare in honore sanctae Mariae Magdalenae omniumque uirginum Christi quod consecrauit Nicolaus episcopus 4[a] feria majoris hebdomadae et collocauit reliquias sanctorum martyrum Paschasii et Chrisanti et sanctarum uirginum Margaretae et Dariae.

[79][c] Juxta portam ecclesiae duo sita sunt altaria, unum quod est in honore beati Joannis Baptistae et omnium sanctorum patriarcharum et prophetarum, quod consecrauit Milo Morinensis episcopus ipso die dedicationis ecclesiae hasque in illo condidit reliquias : de uestimento ipsius sancti Joannis, de barba sancti Habacuc prophetae, de sancto Sebastiano martyre et de sancto Humberto confessore. Aliud uero altare in honore sancti Joannis euangelistae et aliorum trium Nicolaus eodem die quo et altare sanctae Mariae Magdalenae consecratum est consecrauit et istas in eo posuit reliquias, sanctorum scilicet Thebaeorum et sancti Gisleni confessoris.

a. *Paragraphe non copié dans le ms. B.*
b. *Paragraphe non copié dans le ms. B.*
c. *Paragraphe non copié dans le ms. B.*

77. Au nord aussi il y a deux autels, l'un en l'honneur de saint Michel archange et de tous les anges, dans lequel sont placées des reliques du saint martyr Christophe ; l'autre en l'honneur du saint abbé Benoît et de tous les confesseurs de Christ, dans lequel se trouvent les reliques de saints Thébains et du saint confesseur Mauront. L'évêque Nicolas consacra ces deux autels le 27 décembre, jour de la fête de saint Jean l'Évangéliste, bien avant que l'église ait été édifiée.

78. Au milieu de l'église se trouve l'autel Sainte-Croix, consacré le jour de la dédicace par Josselin, évêque de Soissons, qui y plaça les reliques suivantes : du bois, du sépulcre et de la table du Seigneur, de la croix de saint André, des saints Innocents, de la légion thébaine et du saint confesseur Galbert. Près de cet autel, au nord, se trouve l'autel en l'honneur de sainte Marie-Madeleine et de toutes les vierges du Christ, consacré par l'évêque Nicolas le mercredi de la semaine sainte. Il y plaça des reliques des saints martyrs Paschase et Chrisantus et des saintes vierges Marguerite et Daria.

79. Près de la porte de l'église il y a deux autels, l'un en l'honneur de saint Jean-Baptiste et de tous les saints patriarches et prophètes, consacré le jour de la dédicace par l'évêque de Thérouanne Milon qui y plaça les reliques suivantes : le vêtement de saint Jean-Baptiste, des reliques de la barbe du saint prophète Habacuc, de saint Sébastien martyr et de saint Humbert confesseur ; l'autre en l'honneur de saint Jean l'évangéliste et des trois autres [évangélistes] que l'évêque Nicolas consacra le même jour que l'autel Sainte-Marie-Madeleine, en y plaçant des reliques des saints Thébains et du saint confesseur Ghislain.

[80][a] Haec sunt nouem altaria sub abbate Radulfo aedificata et dedicata. Altare uero decimum quod in facie altaris Sanctae Mariae Magdalenae habetur tempore Ricuardi abbatis ipsius successoris factum est, quod etiam consecrauit Nicolaus episcopus in honore omnium sanctorum eodem die quo et altare sancti Stephani reaedificatum consecrasse suprascriptum est. Quas uero reliquias in hoc altari condiderit ignoratur, quia et priusquam conderentur nullo scripto notae habebantur.

[81][b] Interea notandum uidetur quod pridie quam dedicaretur, ecclesia clausa est omnesque horas diuinae laudis in capitulo seu in cella nouitiorum more infirmorum tantummodo usque in crastinum quo dedicatio peracta est. Interrogatus autem reuerendae memoriae Milo Morinorum episcopus si corpus Domini intra ecclesiam remanere deberet, respondit : « Nequaquam, sed in dormitorio quolibet[c] loco honeste ponatur ». Quamobrem elatum est de ecclesia, positum est in superiori loco, hoc est in solario ecclesiae.

[82][d] Dedicata uero ecclesia, eadem die tribus accensis lampadibus uespertinam sinaxim de ipsa dedicatione solemniter celebrauimus[e]. Sequenti quoque nocte, 12 lectiones fecimus et in crastino sermonem in capitulo habuimus, caeteraque omnia, horas uidelicet, missas festiue egimus sicuti per annos fieri solet redeunte dedicationis die. Quotidie etiam per octauas ad uesperas et laudes et missam commemorationem[f] fecimus. Die uero 7^{a}, hoc est 4° nonas junii quae fuit dies dedicationis octaua 12 lectiones fecimus. Verumtamen, collecta *Deus qui nobis per singulos*

a. *Paragraphe non copié dans le ms. B.*
b. *Paragraphe non copié dans le ms. B.*
c. *Sic C. Suppléer sans doute* uel alio *avant* quolibet.
d. *Paragraphe non copié dans le ms. B.*
e. celebramus *C, corr.*
f. *Sic C.*

80. Voilà les neuf autels édifiés et dédicacés sous l'abbé Raoul. Un dixième autel, en face de l'autel Sainte-Marie-Madeleine, fut installé au temps de l'abbé Richard son successeur et consacré par l'évêque Nicolas en l'honneur de tous les saints le même jour où il avait consacré l'autel Saint-Etienne reconstruit. Mais on ne sait pas quelles sont les reliques qui y sont placées, parce qu'elles n'étaient connues par aucun écrit avant d'y être placées.

81. Il faut noter que la veille de la dédicace l'église fut fermée et toutes les heures de la louange divine furent dites dans le chapitre ou dans le monastère des novices, selon la coutume des infirmes, jusqu'à ce que le lendemain la dédicace eût été réalisée. On demanda au regretté Milon, évêque de Thérouanne, si le corps du Seigneur devait rester dans l'église. Il répondit : « Surtout pas ! Il faut le mettre avec honneur dans le dortoir ou dans un autre lieu ». Du coup on l'enleva de l'église et on le plaça en hauteur, dans le grenier de l'église.

82. L'église dédicacée, nous avons célébré solennellement cette dédicace en allumant trois lampes et en faisant sonner la cloche du soir. La nuit suivante, nous fîmes 12 leçons et le lendemain nous eûmes un sermon en chapitre, et nous fîmes tout le reste, les heures et les messes, de manière festive comme cela se fait chaque année au jour de la dédicace. En effet, nous en avons fait commémoration chaque jour pendant une semaine aux vêpres, à laudes et à la messe. Sept jours plus tard, c'est-à-dire le 2 juin[140], qui était le 8e jour de la dédicace, nous fîmes 12 leçons. Cependant, la collecte *Dieu qui chaque année*[141] ne devait pas être dite ces jours-là, mais cette collecte dont le titre est « pour la

140. Le 2 juin 1149 était en fait le dimanche suivant l'octave de la dédicace.

141. J. DESHUSSES, *Le sacramentaire grégorien*, n° 1262 (t. 1, p. 423) et n° 4163 (t. 3, p. 210), pour la messe anniversaire de la dédicace d'une église.

annos iisdem diebus dici non debuit, sed illa cujus est titulus collecta in noua dedicatione hoc est [f. 289r/p. 45] *Deus qui inuisibiliter omnia contines ;* uersus quoque duorum hymnorum ejusdem festiuitatis omitti debuit sicut et in translationibus sanctorum confessorum intermitti solet uersus *anni reuerso*.

[83][a] Item notandum quod sequenti anno solemnitas dedicationis euenerit 6[a] feria post Ascensionem Domini. Facta est ergo quaestio magna, utrum scilicet eadem 6[a] feria dedicatio deberet celebrari aut in alteram differri. Nam si 6[a] feria dedicatio ageretur, tunc procul dubio aut Ascensionis 2[as] uesperas aut certe dedicationis 1[as] uesperas oporteret dimitti. Cum igitur amplioris dignitatis sit festiuitas Ascensionis dominicae quam dedicationis ecclesiae, idcirco utique solemnitatem[b] plenarie uesperas suas habere congruum esse quidam dicebant et dedicationis solemnia sequenti sabbato celebrari. Talia discernentibus occurrens pater Radulfus ait : « Ascensio Domini octauis diebus imo usque ad Pentecosten celebratur. Dedicatio uero ecclesiae non nisi una tantummodo die solemnisatur, ideo nobis bonum et conueniens esse uidetur ut in die suo festiue atque plenarie agatur », quod et factum est.

[84][c] Eadem uero die, de amore et concordia sponsi et sponsae, uidelicet Christi et ecclesiae, sermonem elegantem in capitulo fecit. Extunc igitur usque in praesens quotiescumque tali modo saepedicta solemnitas accidit, toties a quibusdam quaestio mota est et tamen sicut[d] pater Radulfus decreuerat, simili modo a successoribus ipsius celebrata est. Verum certe et optime, nam multa germanitas Ascensionis dominicae et ecclesiae dedicationis, unde et ipse sponsus

a. *Paragraphe non copié dans le ms. B.*
b. solemnitas *C.*
c. *Paragraphe non copié dans le ms. B.*
d. sanctus *C.*

nouvelle dédicace », c'est-à-dire *Dieu, toi qui invisiblement contiens tout*[142] et les vers de deux hymnes devaient être omis, de même que dans les translations des saints confesseurs doit être placé le vers *au retour de l'année*.

[L'Ascension et la dédicace de l'église]

83. L'année suivante la fête de la dédicace tomba le vendredi après l'Ascension[143]. Il y eut alors une grande discussion pour savoir si la dédicace devait être célébrée ce vendredi ou déplacée au lendemain. En effet, si la dédicace était faite ce vendredi, il fallait alors soit supprimer les secondes vêpres de l'Ascension, soit les premières de la dédicace. Comme la fête de l'Ascension du Seigneur est d'une plus grande dignité que la dédicace de l'église, certains disaient que cette solennité devait pleinement avoir ses vêpres et que la fête de la dédicace serait célébrée le lendemain samedi. Mais le père Raoul expliqua à ceux qui étaient de cet avis : « L'Ascension du Seigneur est célébrée par des jours d'octave jusqu'à la Pentecôte. La dédicace de l'église ne fait l'objet de solennité que pendant un jour. C'est pour cela qu'il nous paraît bon et convenable que cette fête ait lieu entièrement au jour fixé », et c'est ce qui se passa.

84. Le même jour il fit en chapitre un très beau sermon sur l'amour et la concorde entre l'époux et l'épouse, c'est-à-dire entre le Christ et l'Église. Et depuis lors jusqu'aujourd'hui, chaque fois que cette solennité arrive de cette manière et que certains soulèvent la question, les successeurs de ce saint père Raoul la célèbrent comme celui-ci l'avait ordonné[144]. Et certes ce fut une bonne décision, car il y a une grande parenté entre l'Ascension du Seigneur et

142. J. Deshusses, *Le sacramentaire grégorien*, n° 817 (t. 1, p. 304) et n° 4151 (t. 3, p. 208), pour les messes.

143. Vendredi 26 mai 1150, lendemain de l'Ascension.

144. Le cas se répéta en 1161 et 1172 ; mais ensuite il ne se reproduisit qu'en 1245.

de se suaque sponsa dicit *ubicumque fuerit corpus, illuc congregabuntur et aquilae* (Mt, 24, 28 ; Lc, 17, 37). Quid enim hic designatur per corpus, nisi humanitas quam Verbum patri coaeternum assumpsit ex uirgine, quae uidelicet humanitas in coelum assumpta est super omnes ordines angelorum exaltata, sedet ad dexteram Dei ? Quid autem hoc loco nomine aquilarum nisi animae sanctorum, necessario uniuersa simul ecclesia electorum intelligitur ? *Ubicumque* ergo *corpus fuerit, illuc congregabuntur et aquilae*. Profecto, ubi Christus, sponsus Ecclesiae, corpore ascendit, illuc etiam et nunc animae perfectorum colliguntur unam stolam percipientes et in fine mundi uniuersa simul ecclesia omnium electorum assumetur binas stolas (cf. Gn, 45, 22), beatitudinem scilicet animae pariter et corporis perceptura. Quae nimirum ecclesia modo aedificatur, in fine autem dedicabitur. Hinc est quod modo eadem solemnitate de aedificatione quae nunc fit et de glorificatione quae futura est permixtim pariter et legitur. Porro sponsi humanitas [f. 289v/p. 46] tunc aedificata est quando illum beata uirgo in utero suo de Spiritu Sancto concepit ; dedicata est autem quando resurgens de sepulchro coelum ascendit. Et ideo conuenienter dixisse me arbitror multam germanitatem esse inter Ascensionem Domini et ecclesiae dedicationem.

Visio quoque quam in urbe Luz Jacob uidit patriarcha (cf. Gn, 48, 3), quae etiam in eadem cauendo recolitur festiuitate, si uisioni quae in monte olilueti in die Ascensionis cum matre clara Virgine conspexerunt apostoli conferatur, magnam utique inter se cognationem habere approbabitur, nisi quod ista manifestior atque gloriosior quam illa cognoscitur. Namque illa uisio nocte et in som-

145. Cf. Bernard de Clairvaux, *Sermons pour la fête de tous les saints*, n° 4, par. 2, éd. *Sancti Bernardi opera*, t. 5, p. 246 : *Ubicumque fuerit corpus, illuc congregabuntur et aquilae. Interim ergo sub Christi humanitate feliciter sancti quiescunt, in quam nimirum desiderant etiam angeli ipsi prospicere.*

la dédicace de l'église, ce qui a fait dire à l'époux au sujet de lui-même et de l'épouse *partout où sera le corps se rassembleront les aigles*. Qu'est-ce qui peut être désigné ici comme « le corps », si ce n'est l'humanité que le Verbe coéternel au Père a prise de la Vierge, cette humanité qui, emportée au Ciel et exaltée au-dessus de tous les ordres d'anges, siège à la droite de Dieu[145] ? Et que faut-il comprendre par les « aigles », si ce n'est nécessairement les âmes des saints et toute l'Église des élus ? Donc *partout où sera son corps se rassembleront les aigles*. Et certes, là où le Christ, époux de l'Église, est monté corporellement, là aussi maintenant se rassemblent les âmes des élus, recevant une étole, et à la fin du monde toute l'Église de tous les élus prendra deux étoles, puisqu'elle recevra également la béatitude de l'âme et celle du corps[146]. Et cette Église qui est édifiée maintenant sera dédicacée à la fin. Et c'est pour cela qu'on peut parler ensemble, en les unissant dans une même solennité, de l'édification d'aujourd'hui et de la glorification de demain. En outre, l'humanité de l'époux a été construite quand la sainte Vierge l'a conçu dans son ventre, du Saint-Esprit ; mais elle a été dédicacée quand, sortant du tombeau, il est monté au Ciel ; et c'est pour cela que je pense que j'ai dit à juste titre qu'il y a une grande parenté entre l'Ascension du Seigneur et la dédicace de l'église.

En effet, si on rapproche de la vision qu'eurent les apôtres et l'illustre Vierge au Mont des Oliviers le jour de l'Ascension, de la vision qu'eut à Luz le patriarche Jacob et que l'on rappelle avec soin lors de cette fête, on constate qu'il y a une grande parenté entre elles, sauf que celle-là est notoirement plus claire et plus glorieuse. Et en effet l'une d'elles a été montrée de nuit, en songe et par quelques

146. Cf. GRÉGOIRE LE GRAND, *Moralia in Job*, t. 3, livre 35, par. 14, ligne 35 : *Sicut enim longe superius diximus, ante resurrectionem sancti singulas stolas accipiunt, quia sola animarum beatitudine perfruuntur ; in fine autem mundi binas habituri sunt, quia cum mentis beatitudine etiam carnis gloriam possidebunt.*

nis atque in quibusdam rerum imaginibus ostensa est, ista uero in die rerum ueritate corporalibus oculis uisa est. Verum, quia longum est uerba quae dicta sunt ad Jacob conferre, uerbis quae dicta sunt apostolis breuiter summam utriusque uisionis ob amorem sponsi et sponsae conferimus. Vidit Jacob scalam stantem super terram et cacumen ejus tangens caelum (cf. Gn, 28, 12), angelos quoque Dei ascendentes per eam et Dominum innixum scalae et loquentem sibi. Viderunt apostoli eundem ipsum Dominum, sed carne quam assumpserat ex uirgine amictum, quam in aeternum et ultra non deponet. Viderunt, inquam, illum sibi de regno Deo loquentem, gratiam in praesenti et gloriam in futuro illis se largiturum pollicentem. Quod, eadem locutione completa, eleuatis manibus suis, benedicentem sibi in ipsa quoque benedictione uiderunt illum in aerem eleuatum et a nube susceptum. Et tunc uere est assumptus in coelum et sedet ad dexteram Dei. Quos, Jesu benigne, trahere digneris, nunc quidem sedula tui memoria consolandos quandoque autem etiam perpetua uisione beatificandos. Angelos quoque apostoli non solum corporeis oculis uiderunt juxta se stantes, sed etiam audierunt sibi loquentes, gloriam ueri Domini caelum ascendentis attestantes et majestatem in fine mundi ad judicium redeuntis praedicentes (cf. Act., 1, 9-11). Jam uero si uerba quae Jacob dixit euigilans admirando sollicite perpendamus, nonne uerius et gloriosius sancto monti Olivueti quam illae urbi Luze assignare poterimus : *uere*, inquit, *Dominus est in loco isto* (Gn, 28, 16). Vere siquidem Dominus est in loco sacri montis Olivueti quem profecto et ante passionem frequenter illuc pergendo, deambulando, sedendo, multa et magna mysteria disserendo discipulis, necnon etiam orando consecrauit et ad extremum ex eo coelum ascendendo uestigia etiam quae nouissime fixit loco impressa in memoriam sui relinquendo, quae et [f. 290r/p. 47] a populis omnium nationum illuc concurrentibus usque hodie cernuntur et medulliter deos-

images, l'autre en plein jour, dans la vérité des choses, et vue par les yeux du corps. Mais parce qu'il serait trop long de comparer ici les mots qui ont été dits à Jacob aux mots qui ont été dits aux apôtres, nous comparons en bref et superficiellement ces deux visions du point de vue de l'amour de l'époux et de l'épouse. Jacob vit une échelle dressée sur la terre et dont le sommet touchait le ciel. Des anges de Dieu montaient dessus, et le Seigneur, s'appuyant sur l'échelle, lui parlait. Les apôtres virent le même Seigneur, mais revêtu de la chair que lui avait donnée la Vierge et que de toute éternité il ne déposera pas. Ils virent qu'il leur parlait du règne de Dieu, leur promettant qu'ils recevraient la grâce présente et la gloire future. Quand il eût achevé son discours il leva les mains en les bénissant et alors même qu'il les bénissait ils le virent élevé au ciel et accueilli dans les nuées. Il fut alors vraiment pris au Ciel et siège à la droite du Père. Ceux que tu as daigné recevoir, doux Jésus, doivent maintenant être consolés par ta mémoire exacte, et béatifiés par une vision perpétuelle. Quant aux anges qui se tenaient près de lui, les apôtres ne les virent pas seulement de leurs yeux corporels, mais ils les entendirent aussi qui leur parlaient, attestant la gloire du vrai Seigneur qui était monté au Ciel et annonçant que sa majesté reviendrait pour le jugement à la fin du monde. Et si nous considérons avec soin les paroles que Jacob dit en s'éveillant étonné, ne pouvons-nous pas considérer qu'elles concernent de manière plus vraie et plus glorieuse le saint mont des Oliviers que la ville de Luz ? Il dit *Vraiment, le Seigneur est en ce lieu.* Et certes le Seigneur est dans ce lieu, celui du saint mont des Oliviers, qu'il consacra tout à fait en s'y rendant fréquemment avant sa passion, en s'y promenant, en s'y asseyant, en y expliquant de nombreux mystères à ses disciples, mais aussi en y priant. Et à la fin en y montant au Ciel il les glorifia en y laissant en mémoire de lui-même des traces qu'il venait d'imprimer en ce lieu, et qui jusqu'aujourd'hui y sont vues par des peuples de toutes

culantur glorificauit. Ad locum uero Luze nec ipsum Jacob adorandum deinceps esse reuersum, nec quemlibet alium perrexisse sed nec domum Dei materialem, hoc est ecclesiam, illic constructam fuisse nos alicubi legisse meminimus. Quod tum et si aliquando factum est, non tamen cum tanta gloria et deuotione quanta sacer mons Oliueti, locus scilicet Ascensionis Jesu Christi, quotidie frequentatur. Pauens Jacob, ut ait scriptura, *quam terribilis est locus iste, non est hic aliud nisi domus Dei et porta Coeli* (Gn, 28, 17). Pauor plerumque non tantum ex horrore, uerum etiam ex admiratione et dignitate alicujus magnae rei fieri solet et dici. Plane sanctus mons Oliueti terribilis ualde est et metuendus, sed a daemonibus duntaxat et immundis atque malignis hominibus. Porro sanctis angelis et deuotis hominibus amabilis et reuerendus intimis cordis uisceribus. *Non est hic aliud nisi domus Dei*, quia in eo loco habetur etiam ecclesia in qua eidem creatori, redemptori et saluatori ab his quos benigne creauit et misericorditer redemit, quos etiam justificatos in regno suo caelesti gloriose saluabit, qui nimirum et ipsi domus illius sunt, perpetua die ac nocte resonat gratiarum actio et uox laudis. Porta quoque coeli saepedictus et saepius dicendus mons Oliueti, mons chrismatis digne uocatur quoniam ex eo et Christus prior ascendit caelum, omnes sanctos qui se ab origine mundi expectauerant quos et uictor rediens ab inferis *eduxit in exultatione* (Ps. 104, 43), eadem die ascensionis suae quosdam quidem speciali praerogatiua cum anima simul et corpore, ut quidam doctores affirmant, caeteros autem in anima sola secum ad regna siderea transuexit. Deinceps autem, cunctis quicumque illi fide simul et opere placere studuerunt exemplum pariter et spem coelum ascendi reliquit. Verumtamen in eodem loco ut supra diximus in altaris medio uestigia sunt quae nouissime fixit usque hodie infinitum, nec unquam isdem locus propter commeatum dominici corporis patente desuper coelo contegi et camerari potuit. O

sortes qui y viennent et les embrassent du fond du coeur[147]. Je ne me rappelle pas avoir lu quelque part que Jacob soit retourné ensuite à Luz pour adorer, ni que quelqu'un d'autre y soit allé, ni qu'une maison matérielle de Dieu, c'est-à-dire une église, y ait été construite. Et si jamais cela avait tout de même été fait, ce lieu n'est de toute façon pas fréquenté quotidiennement avec autant de gloire et de dévotion que le saint Mont des Oliviers, lieu de l'Ascension du Seigneur. D'après l'écriture, Jacob s'effrayait *combien terrible est ce lieu, qui n'est rien d'autre que la maison de Dieu et la porte du Ciel.* On a coutume de dire que la crainte ne vient pas seulement de l'horreur, mais aussi de l'admiration et de la dignité d'une grande chose. Et certes le saint Mont des Oliviers doit être craint, mais seulement par les démons et les hommes immondes et méchants. Quant aux saints anges et aux hommes de religion, ils aiment et vénèrent ce lieu au plus profond de leur cœur. *Ce n'est rien d'autre que la maison de Dieu*, parce que c'est en ce lieu que se trouve l'église dans laquelle résonne nuit et jour l'action de grâces et la voix de la louange pour lui, le créateur, le rédempteur et le Sauveur, prononcées par ceux qu'il a créés par sa bonté et rachetés par sa miséricorde, qu'après avoir justifiés il sauvera glorieusement dans son règne céleste et qui sont eux-mêmes sa maison. Le mont des Oliviers, qui est souvent dit, et doit être souvent dit, *la porte du Ciel*, est aussi appelé à juste titre le *mont du chrême*, parce que c'est de là que le Christ est monté le premier au Ciel, c'est là qu'il amena vers son règne céleste tous les saints qui l'attendaient depuis l'origine du monde et qu'il avait victorieusement sortis des enfers dans l'exaltation du jour de son Ascension, certains par une prérogative spéciale avec leur âme et leur corps, comme le disent les docteurs, les autres avec leur âme seulement. Ensuite, il laissa à ceux qui cherchent

147. Une légende voulait qu'on puisse voir au Mont des Oliviers, à l'endroit de l'Ascension, la trace laissée par le Christ lorsqu'il appuya du pied sur le sol pour monter au Ciel.

quanta bonitas ! O quanta benignitas ! O quam magna multitudo dulcedinis tuae, Domine, illiusque sponsae tuae tua recessione desolatae et quasi uiduatae in memoriam tui etiam uestigia tua medulliter deosculanda et adoranda reliquisti ! Ob hoc et pro aliis innumeris beneficiis ei a te concessis, tibi laus, tibi gloria, tibi gratiarum actio ab ea in aeternum persoluatur, quod nimirum eadem ipsa die glorificationis sponsi sui facere non distulit. Quid enim beata mater et innupta uirgo cum apostolis et caeteris fidelibus nisi unica et dilecta Christi sponsa credenda et uocanda est ? [f. 290v/p. 48] De ipsa uero sponsa illius in thalamo coeli jam recepta dicit euangelista *et ipsi adorantes* (Lc, 24, 52), subaudis, *in loco ubi steterunt pedes ejus* (Ps. 131, 7) *regressi sunt in Jerusalem cum gaudio magno et erant semper in templo laudantes et benedicentes Dominum* (Lc, 24, 52). Et alibi *Hi omnes erant, inquit, perseuerantes unanimiter in oratione cum Maria matre ejus* (Act, 1, 14).

[85][a] Multa quidem et alia dici possent de praedicta scala, de erectione quoque lapidis in titulum et his similibus. Verum quia nos ista nequaquam suscepimus explananda, sed hoc tantummodo ostendere uoluimus sponsum scilicet nequaquam indignari, imo congratulari quod in die Ascensionis illius sponsae illius solemnia indicantur, nec Radulfum patrem errasse quando missis sponsi uesperas, sponsae uesperas cantari decreuerat. Sciebat profecto sponsum amore sponsae cuncta fecisse, dixisse, passum fuisse, ad inferum descendisse, de sepulchro resurrexisse, in coelum ascendisse et de coelo donum Sancti Spiritus transmisisse. Hinc est quod se qui inuicem contuentes alternatim amatoria sibi proferunt uerba, sponsus loquens ad sponsam *Ecce tu pulchra es amica mea, ecce tu pulchra, oculi tui columbarum* (Cant, 1, 14), sponsa quoque sponso

a. *Paragraphe non copié dans le ms. B.*

à lui plaire par la foi et par les œuvres l'exemple autant que l'espoir de monter au ciel. Et vraiment, dans ce lieu, comme nous l'avons dit, au milieu de l'autel, il y a des traces qu'il a imprimées et qui seront sans fin et ce lieu à cause du départ du corps du Seigneur ne peut être couvert ou voûté mais reste à ciel ouvert. Ô quelle bonté ! Ô quelle bienveillance ! O quelle grandeur de ta douceur, Seigneur, d'avoir laissé en mémoire de toi, à ton épouse attristée par ton départ et presque veuve, tes traces à embrasser et à adorer du fond du coeur. A cause de cela, et à cause des innombrables autres bienfaits que tu lui as concédés, qu'elle te donne éternellement la louange, la gloire et l'action de grâces, ce qu'elle n'a pas tardé à faire le jour même de la glorification de son époux. Qui est donc, devons-nous croire et dire, cette bienheureuse mère et Vierge sans époux avec les apôtres et les autres fidèles, si ce n'est l'unique, l'aimée fiancée du Christ ? C'est de cette fiancée déjà reçue dans le lit nuptial du ciel que l'Evangéliste dit « s'étant prosternés à l'endroit où avait été ses pieds, ils retournèrent à Jérusalem avec beaucoup de joie et ils restaient au temple, louant et bénissant le Seigneur ». Et ailleurs : « Ils étaient tous là, persévérant ensemble dans la prière avec Marie, sa mère ».

85. Bien d'autres choses pourraient être dites au sujet de cette échelle, de l'érection de la pierre en autel et d'autres choses semblables. Mais nous n'avions pas pris pour tâche d'expliquer ces choses, nous avions seulement voulu montrer qu'il ne fallait pas reprocher à l'époux, mais au contraire le féliciter, que les solennités de son épouse se passent le jour de son Ascension, et que l'abbé Raoul ne s'était pas trompé quand il avait ordonné de chanter aux messes les vêpres de l'épouse, les vêpres de l'époux. Il savait assurément que c'était par amour de l'épouse que l'époux avait agi, parlé, souffert, était descendu aux enfers, était ressuscité du tombeau, était monté au ciel et depuis le Ciel avait transmis le don de l'Esprit Saint. Et voilà que ceux qui se regardaient l'un l'autre s'adressaient l'un à l'autre des paroles d'amour, l'époux disant à l'épouse « Que tu es belle, mon amie, que tu es belle ! Tes yeux sont

respondens dicit *Ecce tu pulcher, dilecte mi, et decorus, lectulus noster floridus* (Cant, 1, 15). Primum sponsus sponsam in amorem sui hortatur perseuerare et qualiter perseuerare ualeat insinuat dicens *Pone me ut signaculum super cor tuum, ut signaculum super brachium tuum quia fortis est ut mors dilectio* (Cant, 8, 6). At contra sponsa, suae debilitatis conscia, supplex sponsum supplicat dicens *Trahe me post te, curremus* (Cant 1, 3), ut subaudias, si me traxeris, *in odore unguentorum tuorum* (Cant 4, 10). De his hactenus.

[86] Eodem uero anno, hoc est dedicationis 2°, saepedictus[a] pater incidit in infirmitatem qua et mortuus est, in quo nimirum desiderium cordis ejus tribuit ei Dominus et uoluntate labiorum ejus non fraudauit eum. Cupiebat namque dissolui et esse cum Christo. Verumtamen, priusquam a corpore solueretur, desiderabat ecclesiam quam construxerat dedicari. Habuit et aliud desiderium iste uir beatus, quod et Christus illi adimpleuit. Saepe namque dixerat se bonum pastorem, fidelem utique et prudentem sibi succedi, qui uidelicet bona hujus ecclesiae quae ipse studiose conquisierat atque seruauerat sua leuitate nequaquam dissiparet. Cum igitur ad extrema uenisset et de successore consultus fuisset, fertur secreto tres designasse personas ex quibus nimirum uir fuit amabilis memoriae Richouardus, uir profecto per multa laudabilis [f. 291r/p. 49] qui ex prudentia et temperantia sibi a Christo concessa omnibus se omnia facere studuit, pueris scilicet puerum, insipientibus (ac si ipse esset) insipiens, sapientibus sapientem, imo sapientiorem (erat autem magni et profundi consilii), dolentibus condolentem, gaudentibus congaudentem, et ita se agere studebat ut quicumque ad os illius accessisset sermone ipsius sale conditum abscederet. Infirmis autem ita infirmum se

a. *De* Eodem uero anno *à* saepedictus : Anno igitur millesimo centesimo quinquagesimo primo, uenerabilis *B*.

ceux des colombes », et l'épouse répondant à l'époux « Que tu es beau, mon chéri, et magnifique ! Notre lit est fleuri ! » Alors l'époux incite l'épouse à persévérer dans son amour, et il lui souffle comment persévérer en disant : « Place-moi comme un signe sur ton cœur, comme un signe sur ton bras, parce que l'amour est aussi fort que la mort ». Mais l'épouse, consciente de sa faiblesse, supplie l'époux : « Prends-moi derrière toi, courons », ce qui sous-entend « si tu m'attires dans l'odeur de tes onguents ». Mais c'est assez à ce sujet.

[Succession de Raoul. Portrait de l'abbé Richard]

86. La même année, c'est-à-dire la deuxième année après la dédicace, l'abbé Raoul fut atteint de la maladie dont il mourut. Dieu accomplit ainsi complètement ce que désirait son cœur, et il ne le priva pas de ce que voulaient ses lèvres. Il désirait en effet disparaître et être avec le Christ. Cependant, il désirait que l'église qu'il avait construite fût dédicacée avant que son corps ne fût anéanti. Ce saint homme avait aussi un autre désir, que le Christ remplit également. Souvent en effet il avait dit que lui succèderait un bon pasteur, fidèle et sage, qui ne dissiperait jamais par légèreté les biens de cette église, que lui-même avait eu tant de mal à acquérir et conserver. Alors qu'il approchait de la mort et qu'on le consultait au sujet de son successeur, on dit qu'il désigna en secret trois personnes, dont l'une était Richard, homme d'aimable mémoire, louable à maints égards, qui grâce à la sagesse et à la tempérance que le Christ lui avait données veillait à être tout pour tous, c'est-à-dire à être un enfant avec les enfants, un fou (comme si lui pouvait l'être !) avec les fous, un sage, et même un plus sage, avec les sages (il était en effet de bon et profond conseil) ; il souffrait avec ceux qui souffraient, était joyeux avec ceux qui se réjouissaient, veillait à se comporter de telle sorte que quiconque avait accès à sa parole s'en revenait assaisonné du sel de son discours. Il se faisait malade avec les malades à tel point qu'il n'y avait pas de jour où il ne les

faciebat ut fere nullus dies praeteriret quo non eos uisitaret, et sedens cum eis etiam sanos plerumque aduocabat et e duobus unum gregem faciens loquebatur illis de regno Dei, de uitiis uidelicet expellendis, uirtutibus appetendis, affectionibus ordinandis, bonis operibus insistendis, sed et de sanctis scripturis caeterisque his similibus quibus sine dubio certum est regnum Dei promereri. Bona quoque hujus coenobii temporalia non solum nullatenus dissipauit, uerum etiam multipliciter augmentare curauit, quot si quis scire uelit[a] in chartis hujus ecclesiae inuenire poterit. Ecce qualem pastorem Christus pastor summebonus patri et pastori nostro Radulfo quemadmodum optauerat subrogauit[b].

[87] Qui uidelicet pater, dum per menses aliquot in febrium teneretur (quartano scilicet typo laborauit)[c], non tamen opus Dei et curam monasterii negligebat, sed opportuno tempore causas coenobii disponebat. Cum autem morbo ingrauescente sacro fuisset oleo inunctus, exemplo beati et praeclari doctoris Fulgentii a subditis si quid aduersus illum haberent sibi donari suppliciter postulauit, quod procul dubio facillime obtinuit[d]. Factus quoque[e] in agonia mortis, mandauit eisdem filiis suis[f] ut benignitatem Christi implorarent quatenus a nexibus corporis citius mereretur absolui. Compos etenim sui, Christo largiente, usque ad emissionem spiritus extitit[g]. Orantibus autem fratribus, ni

a. uelit uelit *C*.
b. *De* Verumtamen priusquam a corpore *à* subrogauit *om. B*.
c. *De* Qui uidelicet pater *à* laborauit : Per aliquot menses quartana laborauit *B*.
d. postulauit, quod procul dubio facillime obtinuit : condonauit *B*.
e. quoque *om. B*.
f. filiis suis in capitulo *B*.
g. *De* Compos etenim *à* extitit *om. B*.

148. *Vita Fulgentii Ruspensis*, p. 137 : *Ego, fratres, animarum vestrarum saluti prospiciens, molestus apud vos forsitan et difficilis*

visitât et, s'asseyant avec eux, il appelait ceux qui étaient en bonne santé de sorte que, faisant des deux groupes un seul troupeau, il leur parlait du royaume de Dieu, de la nécessité de chasser les vices, de rechercher les vertus, de mettre de l'ordre dans ses sentiments, de s'appliquer aux bonnes œuvres ; il leur parlait aussi des saintes écritures et des autres choses par lesquelles il est certain qu'on mérite le royaume de Dieu. Non seulement il ne dissipa absolument pas les biens temporels de ce monastère, mais au contraire il veilla à les augmenter considérablement ; si quelqu'un veut savoir à quel point il le fit, il pourra le trouver dans les chartes. Voici quel pasteur le bon pasteur suprême, le Christ, choisit pour remplacer notre père et pasteur Raoul, comme celui-ci l'avait demandé.

[La mort de l'abbé Raoul]

87. L'abbé Raoul, alors qu'il souffrait depuis plusieurs mois d'une fièvre quarte, n'en négligeait pas pour autant l'office divin et le soin du monastère, mais réglait les affaires du monastère en temps opportun. La maladie s'aggravant, il fut oint de l'huile sainte, et à l'exemple du célèbre savant saint Fulgence, il demanda à ceux qui lui étaient soumis de lui pardonner, s'ils avaient quelque chose contre lui[148] ; et sans aucun doute il l'obtint facilement. Entré en agonie, il demanda à ses fils d'implorer la bienveillance du Christ, pour que lui-même mérite d'être rapidement délivré des liens du corps. Jusqu'à son dernier souffle il fut, par la volonté de Dieu, pleinement conscient. Alors que ses frères priaient, il s'endormit dans le Seigneur en un jour, le vendredi, si je ne me trompe pas. Il mourut le 30 décembre, la première vigile de la nuit du samedi[149],

extiti. Et ideo obsecro vos ut ignoscat mihi quisquis aliquid dolet. Et si forsitan severitas nostra modum transgressa est debitum, orate ne mihi hoc Dominus imputet ad peccatum...

149. Le 30 décembre 1151 était en réalité un dimanche.

fallor[a], eadem die transacta, non fuerat 6[a] feria[b], obdormiuit in Domino. Transiit autem 3° kalendas januarii, prima uigilia noctis sabbati, anno incarnati Verbi 1151°, regiminis sui anno 20°, principibus atque pontificibus supra in dedicatione annotatis adhuc uiuentibus[c]. Sepultus uero est honorifice in capitulo, sicut mos est Cisterciensibus abbates suos sepelire.

[88] Multa autem et alia de eo scribi potuissent, sed nos e multis pauca retulimus. Verumtamen, hoc ueraciter dicere possumus, quia[d] onus sui regiminis fortiter quidem sed laboriose gubernauit, patienter tolerauit, sapienter ordinauit et consummauit feliciter[e]. Nam sicut Moyses in deserto populi cui dux praefuit mores ferinos sustinuit, aliquando seuere puniens, aliquando benigne tolerans, modo prudenter dissimulans, modo clementer erudiens et ita puniendo, tolerando, dissimulando atque admonendo sapienter praedomuit et successori suo Josue quietum atque obedientem reliquit, ita prorsus, ita pater Radulfus quorumdam subjectorum suorum monachorum scilicet atque conuersorum corda ferocia iisdem modis complanauit et successori suo tractabiliora fecit. Verum et usque hodie monachi et conuersi hujus coenobii prae multis aliis quorumdam coenobiorum nostri ordinis quietius sese habent et amplius obedientes existunt. [f. 291v/p. 50] Praeterea, sicut rex Dauid contra hostes Israel pugnando eosque superando necnon etiam sub sua ditione redigendo requiem, pacem et prosperitatem filio suo Salomoni conquisiuit, sic nimirum sic saepedictus pater hominibus saecularibus res hujus ecclesiae sibi siue dari seu praestari quaerentibus denegando, pacem et quietem successoribus suis acquisiuit. Post

a. ni fallor *om. B*.
b. non fuerat 6[a] feria *om. B*.
c. *De* Transiit autem *à* uiuentibus *om. B*.
d. *Quod* B.
e. consummauit feliciter, relictis ut dictum est centum et septem monachis et tribus nouitiis, conuersis uero laicis centum et 30 *B*.

en l'an du Verbe incarné 1151, la 20e de son gouvernement, alors que vivaient encore les princes et les évêques notés ci-dessus dans le récit de la dédicace. Il fut enterré avec honneur dans le chapitre, ainsi que le veut la coutume cistercienne pour les abbés[150].

88. On aurait pu dire encore bien d'autres choses à son sujet, et nous n'en avons raconté que très peu. Mais nous pouvons dire ceci en vérité : il assuma la charge de son gouvernement avec courage mais non sans mal, la supporta avec patience, l'ordonna avec sagesse et l'acheva de bonne manière. Comme Moïse dans le désert supporta les mœurs sauvages du peuple à la tête duquel il avait été placé, punissant parfois sévèrement, tolérant parfois avec douceur, tantôt dissimulant par prudence, tantôt enseignant avec clémence et s'imposant ainsi en punissant, en tolérant, en dissimulant et en admonestant, transmit à son successeur Josué un peuple calme et obéissant, de même, l'abbé Raoul apaisa de semblable manière les cœurs féroces de ceux qui lui étaient soumis, ses moines et ses convers, et rendit les choses plus faciles à son successeur. Et en vérité jusqu'aujourd'hui les moines et les convers de ce monastère se tiennent plus tranquilles que ceux de beaucoup de monastères de notre ordre et sont bien plus obéissants. En outre, de même que le roi David conquit la tranquillité, la paix et la prospérité pour son fils Salomon en combattant les ennemis d'Israel, en les battant et en les réduisant sous sa volonté, de même notre susdit père, en s'opposant aux laïcs qui cherchaient à ce que leur fussent donnés ou prêtés des biens de cette église, acquit la paix et la tranquillité pour ses successeurs.

150. Les statuts de 1180 réservent l'enterrement dans les salles capitulaires aux abbés ainsi qu'aux rois et aux reines, mais ces derniers ont également droit à l'enterrement dans les églises (Chr. WADDELL, *Twelfth-Century Statutes*, p. 88 = 1180 n° 5). Voir aussi J. HALL, « The Legislative Background », p. 367, et EAD., « Table of Legislation », p. 379.

uenerabilem Radulfum successit domnus Richoardus per omnia laudabilis[a].

[89. Continuation][b]

3us abbas hujus coenobii fuit Alelmus[c]. Hic dormitorium monachorum et refectorium et alia aedificia aedificauit multa. Hic etiam cum a fratribus argueretur timentibus et dicentibus se non posse consummare quod ille cupiebat aedificare, fertur respondisse : « Nolite timere, dico uobis me magis timere penuriam saxorum quam nummorum »[a)].

4° loco successit Godescalcus. Hic coepit aedificare nouam ecclesiam anno Domini 1190, indictione 8^{a}, Clemente papa 3° sedi apostolicae praesidente, Frederico I° imperatore uictorioso Romanum imperium gubernante, et in transmarinis partibus ob liberationem dominici sepulchri quod a Sarracenis occupatum fuerat diuino fauore prospere agente. Anno 6° regiminis Godescalci hujus coenobii Valcellensis 6^{i} aeque abbatis, 5° kalendas aprilis, 4^{a} feria Paschae, jactata sunt fundamenta nouae Valcellensis ecclesiae, anno scilicet 42° a dedicatione prioris ecclesiae. Anno etenim 1149, indictione 12^{a}, prior ecclesia dedicata est. Huic autem 2^{ae} fundationi ecclesiae unus tantummodo monachorum ex his qui priorem ecclesiam fundari uiderant, Fulco nomine, adhuc supererat, qui etiam ad jussionem abbatis trullam accipiens coementum primo lapidi superponendo composuit. Porro, ipsi lapidi talis erat superscriptio : «…»[d]. Sed praeuentus infirmitate qua et mortuus est, non potuit eam consummare. Interim autem rexit abbatiam domnus

a. *De* Nam sicut Moyses *à* laudabilis *om. B.*

b. *Paragraphe non copié dans le ms. B. Il s'agit d'un ajout à la* Fundatio *de Foulques de Cambrai (v. p. XXXVI).*

c. *En marge C :* Explicit. 3us uocatur abbas, quia fortasse 3us est electus a conuentu. Radulfus et Richardus adducti fuerunt a beato Bernardo. Vel potius error est ejus qui codicem manuscriptum edidit

d. *Sic C.*

Au vénérable Raoul succéda le seigneur Richard, louable en toutes choses.

89 [Continuation : série des abbés de Vaucelles]

Le 3e abbé de ce monastère fut Aleaume. Il construisit le dortoir des moines, le réfectoire et beaucoup d'autres édifices. Comme, pleins de reproches et de crainte, des frères lui disaient qu'ils ne pourraient achever tout ce qu'il désirait, il répondit, dit-on : « Ne craignez rien. Je vous le dis, davantage que la pénurie d'argent, je crains la pénurie de pierres ».

En quatrième lieu succéda Godescalc. Il commença à édifier une nouvelle église en l'an du Seigneur 1190, indiction 8, le pape Clément III présidant au siège apostolique, l'empereur Frédéric Ier gouvernant victorieusement l'empire Romain et agissant avec succès, grâce à la faveur divine, outre-mer pour la libération du tombeau du Seigneur qui avait été occupé par les Sarrasins[151]. La 6e année du gouvernement de Godescalc, également 6e abbé de ce monastère de Vaucelles, le 28 mars, mercredi de Pâques, les fondations de la nouvelle église de Vaucelles furent jetées, c'est-à-dire 42 ans après la dédicace de la première église[152]. C'est en effet en 1149, indiction 12, que la première église avait été dédicacée. À cette deuxième fondation de l'église il n'y avait plus qu'un seul moine qui avait vu fonder la première église. Appelé Foulques, il prit sur l'ordre de l'abbé la truelle et mit du ciment sur la première pierre. Sur cette pierre il y avait l'inscription suivante : «...». Mais, atteint par la maladie dont il mourut, l'abbé Godescalc ne put achever l'église. Entretemps en effet le seigneur Gérard, cin-

151. Frédéric Ier Barberousse, roi (à partir de 1152), puis empereur (1155-1190).

152. Mercredi 28 mars 1190.

Gerardus tribus uidelicet mensibus, sed 5° loco. Hic ante Godescalcum defunctus est.

6° loco fuit Gobertus, cui successit abbas Robertus in cujus diebus, scilicet anno ab incarnatione Domini 1216°, in uigilia Ascensionis intrauit conuentus de Valcellis ecclesiam nouam cum gaudio magno ad gloriam et honorem omnipotentis Dei, cui est honor et gloria in saecula saeculorum amen.

Et postea anno Domini 1235°, in crastino sancti Lucae euangelistae, uidelicet 14° kalendas nouembris fuit praedicta ecclesia consecrata in honore beatissimae uirginis Mariae.

quième abbé, gouverna l'abbaye pendant trois mois, mais il mourut avant Godescalc.

Le sixième fut Gobert, auquel succéda Robert, sous l'abbatiat de qui, en l'an de l'incarnation du Seigneur 1216, la veille de l'Ascension[153], la communauté de Vaucelles entra avec grande joie dans sa nouvelle église, pour la gloire et l'honneur du Dieu tout-puissant, auquel vont l'honneur et la gloire pour les siècles des siècles. Ensuite, en l'an du Seigneur 1235, le lendemain de la saint Luc, c'est-à-dire le 19 octobre, l'église susdite fut consacrée en l'honneur de la très sainte vierge Marie.

153. Mercredi 18 mai 1216.

ANNEXE

LISTE DES ABBÉS DE VAUCELLES AU XIIe SIÈCLE[1]

Raoul (1132 – 1151) : Anglais, originaire de Marston, près de Bedford, dans le Lincolnshire, il était clerc séculier. Au retour d'un voyage dans les Pouilles, il passa par Clairvaux, y demanda l'hospitalité que l'on doit aux voyageurs, mais y resta, fit son année de noviciat, devint moine de Clairvaux, et trois mois plus tard, le 26 juillet 1132, fut désigné premier abbé de Vaucelles[2]. Il mourut à la fin décembre, entre le 28 et le 30, de l'année 1151[3]. En

1. Cette liste reprend, vérifie et complète celle de la *Gallia Christiana*, t. III, col. 176-177. Un grand nombre de sources cambrésiennes, noyonnaises et laonnoises du XIIe siècle étant encore inédites, il est possible que de nouvelles données soient mises au jour. La chronologie qui figure en tête de l'inventaire d'archives du XVIIIe s. (Cambrai, Médiathèque Municipale, ms. 1149, fol. 1r°-v° pour le XIIe s.) est visiblement fondée sur la *Gallia Christiana*.

2. *Fundatio*, § 4, p. 6.

3. *GC*, III, col. 176. Préférer 1151 à 1152 puisque son successeur est cité en 1152, et que la *Continuatio Valcellensis*, p. 460, parle de 1151. La chronique anonyme tardive du Cateau-Cambrésis, s'inspirant de la *Fundatio*, déclare : *Eodem anno [= 1151] cum venerabilis Radulphus abbas Valcellensis desiderium cordis sui ante obitum suum obtinuisset a Domino Deo ecclesie nimirum sue dedicationem oculis suis videre, post aliquos sue infirmitatis menses, ingravescente morbo, beati Fulgentii edoctus exemplo,*

dehors des sources vaucelloises, il est cité en 1135 dans une charte d'Hugues d'Oisy pour Arrouaise[4], vers 1140 dans la charte de fondation de l'abbaye de Cisterciennes de Fonsomme[5], et entre 1142 et 1145 dans une charte de l'évêque d'Amiens Garin pour l'abbaye d'Ourscamp et le prieuré de Margère[6]. D'après la *Fundatio*, § 63, il était de taille moyenne, rougeaud et colérique. Il souffrit de la fièvre dans les derniers mois avant sa mort (§ 87).

Richard (1152 – 1160) : moine de Clairvaux, il fut conduit par Bernard de Clairvaux pour remplacer Raoul[7] : il était en place au plus tard le 22 juin[8]. Il mourut le 28 janvier[9]

a fratribus suis si quid forte adversus eum haberent ex charitate donari sibi humiliter petiit et facile obtinuit. Tandem factus in agonia suis precepit fratribus ut misericordiam implorarent, quatenus a nexibus corporis citius mereretur dissolvi. Compos autem sui ad emissionem usque spiritus extitit, orantibus autem fratribus feria 6ª, 3 kalendas januarii, anno 1151 obdormivit in Domino, regiminis sui anno 20° (Lille, Arch. Dép. Nord, 8 H 261, fol. 5r°). Le problème est cependant qu'en 1151 le 30 décembre est un dimanche, en 1152 un mardi. Cela plaide pour le 28 décembre, d'autant que c'est la date retenue par le nécrologe du Saint-Sépulcre de Cambrai : *domnus Radulfus abbas de Valcellis primus* (B. M. Cambrai, ms. 829, fol. 120v ; ms. 861, fol. 130r). Mais le martyrologe de Vaucelles met l'obit de Raoul au 30 décembre (Londres, British Library, ms. Harley 2902, fol. 2v°).

4. B.-M. Tock et L. Milis, *Monumenta Arroasiensia*, n° 18, p. 67-68.

5. *GC*, X, *Instr.*, col. 378.

6. B.-M. Tock et L. Milis, *Monumenta Arroasiensia*, n° 38, p. 98-100. La *GC*, III, col. 176 date l'acte d'environ 1150.

7. *Fundatio*, § 20, p. 44; il n'est d'ailleurs pas cité dans la liste des moines entrés à Vaucelles sous l'abbé Raoul, § 15 à 17. Il fut cependant proposé par l'abbé Raoul (§ 86).

8. *Chartes*, n° 12.

9. Londres, British Library, ms. Harley 2902, fol. 14r°. À son sujet voir Chr. Henriquez, *Menologium*, p. 30 : *In Belgio beatus Richardus Valcellensium abbas, qui mira animi moderatione, pietate et observantia regulari probatissimus, plenus bonis operibus ex hac vita discessit*, en renvoyant à l'*Appendix Valcellensium ad Sigebertum*, au *Chronicon Valcellensis coenobii*, à Miraeus

1160. Il est cité en 1153 comme médiateur entre les abbayes d'Anchin et de Cercamp en même temps que l'archidiacre d'Arras et les abbés de Saint-Amand et de Marchiennes[10], en 1154 dans une charte de Nicolas évêque de Cambrai pour l'abbaye de Cambron[11], en 1158 dans une charte de Guillaume d'Ypres pour l'abbaye des Dunes[12]. Le 26 novembre 1159 il assiste à l'élection de Gautier comme abbé de Saint-Aubert de Cambrai[13].

Nicolas (1160 – 1163) : un des moines arrivés à Vaucelles en 1132 avec saint Bernard, il succéda à Richard. Mais âgé et malade, il se retira trois ans après son élection, et mourut la même année[14], le 6 décembre[15].

et à de Raisse. Son décès est également mentionné, simplement sous la forme *Ricoardus abbas*, dans le nécrologe de l'abbaye du Saint-Sépulcre de Cambrai (B. M. Cambrai, ms. 829, fol. 98v, au 28 janvier ; voir aussi B. M. Cambrai, ms. 861, fol. 102r).

10. J.-P. GERZAGUET, *Les chartes de l'abbaye d'Anchin*, n° 98, p. 193-194.

11. J.-J. DE SMET, *Cartulaire de l'abbaye de Cambron*, t. 1, p. 97-98. La *GC*, III, col. 176 le signale également dans une charte de Hugues, abbé de Saint-Amand pour l'abbaye de Cambron en 1153, mais cette mention n'a pu être confirmée : à notre connaissance, la seule charte donnée par Hugues à Cambron date de 1163 et n'a aucun témoin de Vaucelles (*Ibid.*, p. 311-312).

12. F. VAN DE PUTTE, *Chronica abbatum de Dunis*, n° 363, p. 442.

13. LAMBERT DE WATTRELOS, *Annales Cameracenses*, p. 533. Lambert parle cependant d'un vendredi 26 novembre, alors qu'en 1159 le 26 novembre tombait un jeudi.

14. *GC*, III, col. 176.

15. Chr. HENRIQUEZ, *Menologium*, p. 405-406 : *In agro Cameracensi beatus Nicolaus, Valcellensis coenobii tertius abbas, vir omnibus virtutibus ornatissimus, et melliflua sermonis facundia mire praeditus : qui postquam munus illud eximia mansuetudine et vitae integritate administrasset, gravissimis infirmitatis afflictus, onus quod humiliter susceperat, deponere coactus fuit et tandem divinis operibus locupletatus, inter monachorum manus beatum Deo spiritum reddidit : cuius merita variis post obitum signis patefacta sunt.* Henriquez renvoie à l'*Appendix Valcellensium ad Sigeberti Chronicon*, à Miraeus et de Raisse.

David (1163 – 1168 ?) : élu après la démission de Nicolas, il résigna lui aussi sa charge après trois ans, d'après la *Gallia Christiana*. Mais il est cité en 1165 dans une charte de Nicolas, évêque de Cambrai, pour l'abbaye d'Hautmont[16], en 1166 dans une autre charte de l'évêque Nicolas pour l'abbaye de Bohéries[17], et encore en 1168, comme abbé, dans une charte donnée à l'abbaye de Bohéries par Adam, abbé de Saint-André du Cateau-Cambrésis[18]. Il mourut selon les uns en 1168, selon d'autres après 1179[19].

Aleaume (1168 ? – 1181) : originaire de Courtrai, il fut élu en 1166 d'après la *Gallia Christiana*, mais ce ne fut sans doute qu'en 1168 puisque son prédécesseur est encore cité cette année-là. Il mourut en fonctions en 1181[20], le 9 octobre[21]. Il est cité dans une charte de Robert, abbé de Foigny, en 1168[22], dans une charte de 1170 donnée par Pierre, élu de Cambrai, pour l'abbaye de Cambron[23] dans une autre charte donnée en 1171 par Gérald, abbé de Clairvaux, à l'abbaye de Vauclair[24] et dans une dernière donnée le 28 août 1181 à l'abbaye de Foigny par les évêques de Soissons, Laon et Tournai[25]. En compagnie des abbés de Longpont, Signy, Aulne,

16. Ch. DUVIVIER, *Recherches sur le Hainaut*, n° 134bis, p. 598-599.

17. Original : Paris, Bibl. Nat. France, coll. Picardie, t. 288, Bohéries 3.

18. Original : Paris, Bibl. nat. France, n. a. l. 2309, n° 13.

19. Cf. *GC*, III, col. 176, qui relève qu'en 1179 seuls les corps des abbés Raoul, Richard et Nicolas furent transférés dans le nouveau cloître, et suppose donc que David n'était pas encore décédé.

20. *GC*, III, col. 177.

21. Londres, British Library, ms. Harley 2902, fol. 113v°.

22. Bibl. nat. de France, ms. lat. 18373, fol. 73r°.

23. J.-J. DE SMET, *Cartulaire de l'abbaye de Cambron*, Bruxelles, t. 1, p. 100-101.

24. Bibl. nat. de France, ms. lat. 11073, fol. 45v-47v.

25. Bibl. nat. de France, coll. Picardie, ms. 289, n° 92.

Bohéries, Villers, Cambron et Bonnefont il adresse, en septembre ou au début octobre 1181, une lettre aux évêques d'Amiens et d'Arras en faveur de l'abbaye de Foigny[26].

Godescalc (1181 – 1192 puis 1194 – 1199) : originaire de la région de Bruxelles, élu en 1181, il démissionna en 1192, sans qu'on sache s'il le fit de sa propre initiative ou s'il y fut contraint. Il fut en tout cas réélu après la démission de son successeur, et mourut en fonctions le 26 mars[27] 1199[28]. Il est mentionné en 1181 dans une charte d'Hugues d'Oisy pour Saint-Aubert de Cambrai[29] (et c'est donc à tort qu'une charte de novembre 1187 parle de sa quatrième année d'abbatiat)[30], en 1186 dans une charte d'Hugues d'Oisy, châtelain de Cambrai, pour l'évêque d'Arras[31], en 1187 dans un chirographe donné par Guillaume, abbé de Cîteaux, pour l'abbaye de Cambron et le chapitre de Saint-Omer[32], la même année dans une charte qu'il donne comme juge délégué par le pape, avec l'évêque de Cambrai Roger, en faveur de l'abbaye de Saint-Ghislain[33], et

26. Paris, B.N.F., ms. lat. 18374, fol. 44r°.

27. Londres, British Library, ms. Harley 2902, fol. 33v°.

28. *GC*, III, col. 177. Il est en tout cas toujours vivant (et qualifié de *secundo abbas*) au mois d'avril 1198 (*Chartes*, n° 157).

29. J. LE CARPENTIER, *Histoire de Cambray*, t. 2, preuves, p. 21 ; on restera cependant prudent, l'authenticité des actes qui ne sont connus que par Le Carpentier étant sujette à caution. cité dans *GC*, III, col. 177. Il mourut huit mois avant l'élection de son successeur, qui ne resta que trois mois en fonctions avant de mourir en octobre 1199.

30. *Chartes*, n° 111, p. 180-181.

31. A. GUESNON, « Le cartulaire de l'évêché », n° 29, p. 268-269.

32. J.-J. DE SMET, *Cartulaire de l'abbaye de Cambron*, t. 2, p. 507-508 et BÉDAGUE, *Ecclesia alterius conditionis*, t. 2, n° 31, p. 735-737.

33. J. RAMACKERS, *Papsturkunden in den Niederlanden*, n° 296, p. 442. La sentence n'ayant pas suffi, Clément III lui

toujours en 1187 dans une charte donnée par l'évêque de Cambrai Roger à l'abbaye de Bohéries[34], entre 1183 et 1189 dans une charte d'Hugues d'Oisy pour Anchin[35], entre 1183 et 1191 dans une charte du même pour Arrouaise[36], vers 1190 dans une charte d'Hugues d'Oisy pour Cantimpré[37], le 21 juin 1191 dans une charte de Pierre, évêque d'Arras, pour son chapitre cathédral[38] et le 24 mai 1197 dans une charte d'Henri, duc de Brabant, pour l'abbaye de Villers[39]. Il donne lui-même une charte, malheureusement non datée, à l'abbaye de Fervaques[40].

Jean Ier (1192 – 1194) : Élu en 1192, il démissionna en 1194 (après le 29 août)[41] et mourut l'année suivante[42].

Gérard (1199) : Il mourut en octobre 1199 après trois mois d'abbatiat, ce qui situe son élection en juillet de la même année[43].

demande, dans une bulle adressée à lui et à ses collègues du Saint-Sépulcre et de Saint-Aubert de Cambrai le 27 février 1188, de presser Béatrice de Boussu de renoncer à ses prétentions (H. NÉLIS, « Études de diplomatique médiévale I », n° 5, p. 269-270. L'évêque Roger et l'abbé Godescalc donnèrent une autre charte entre 1188 et 1191 (J. RAMACKERS, *Papsturkunden in den Niederlanden*, n° 326, p. 469-470).

34. Originaux (chirographes) : Paris, Bibl. Nat. France, coll. Picardie, t. 288, n° 13 et 14.

35. J.-P. GERZAGUET, *Les chartes d'Anchin*, n° 266, p. 346.

36. B.-M. TOCK et L. MILIS, *Monumenta Arroasiensia*, n° 214, p. 378-379.

37. A. MIRAEUS, *Notitia ecclesiarum Belgii*, p. 460.

38. B.-M. TOCK, *Les chartes des évêques d'Arras*, n° 228, p. 253-254.

39. É. DE MOREAU, *Chartes de l'abbaye de Villers*, n° 47, p. 75-79.

40. Copies : Laon, Arch. dép. Aisne, H 1624 fol. 117v-118r ; Paris, Bibl. nat. France, coll. Moreau, t. 88, fol. 203-204.

41. Il est encore cité le 19 août 1194 (*Chartes*, n° 142, p. 211-213), Godescalc étant qualifié de *quondam abbas*.

42. *GC*, III, col. 177.

43. *GC*, III, col. 177.

Bernard (1199 – 1200) : Originaire de Lille, il fut élu dès l'année 1199 et se retira après un an. Il devint alors prieur, et mourut en 1206[44].

44. *GC*, III, col. 177.

INDEX DES CITATIONS

Sont indiquées ici les citations explicites et implicites qui ont pu être identifiées.

Bible

Il n'y a pas de citation d'auteurs profanes.

INDEX DES ŒUVRES COPIÉES PAR LES MOINES DE VAUCELLES

Dans sa liste des moines entrés à l'abbaye de Vaucelles sous l'abbé Raoul, l'auteur de la *Fundatio* cite un grand nombre d'œuvres copiées par les moines (§ 16 et 17). En voici la liste :

INDEX DES PERSONNES ET DES LIEUX

L'identification des lieux se fait, pour la France au département, à l'arrondissement, au canton et, si nécessaire, à la commune ; pour la Belgique, à la province ; pour la Grande-Bretagne, au comté.

TABLE DES MATIÈRES

Ce volume,
le cinquante-sixième
de la collection Les Classiques
de l'Histoire au Moyen Âge
publié aux éditions Les Belles Lettres
a été achevé d'imprimer
en octobre 2016
sur les presses
de la Nouvelle Imprimerie Laballery,
58500 Clamecy, France

N° d'éditeur : 8414
N° d'imprimeur : 610290
Dépôt légal : novembre 2016